I0427471

"Coloreo mi primer libro de animales"

Me llamo

Jirafa

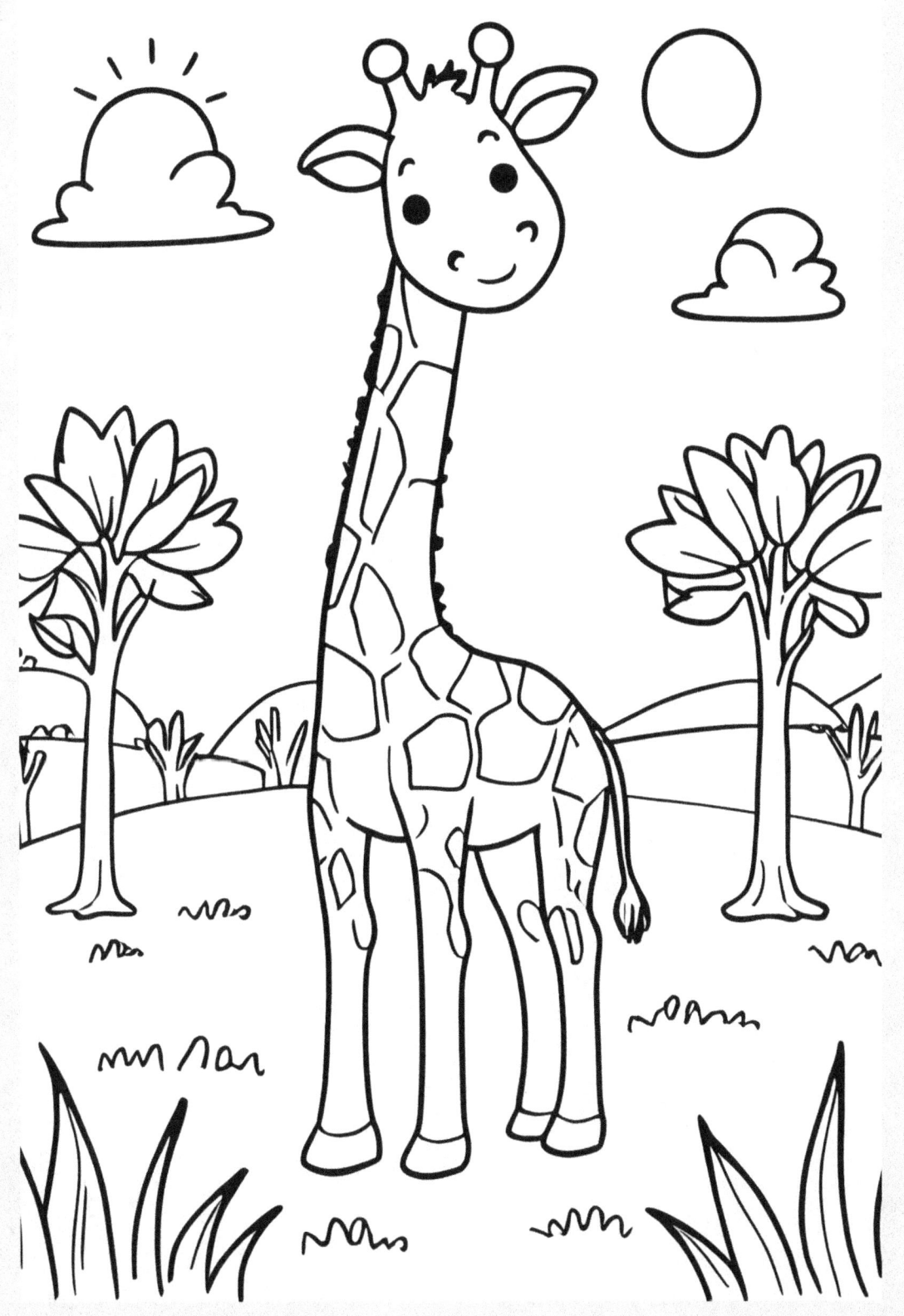

Zorro

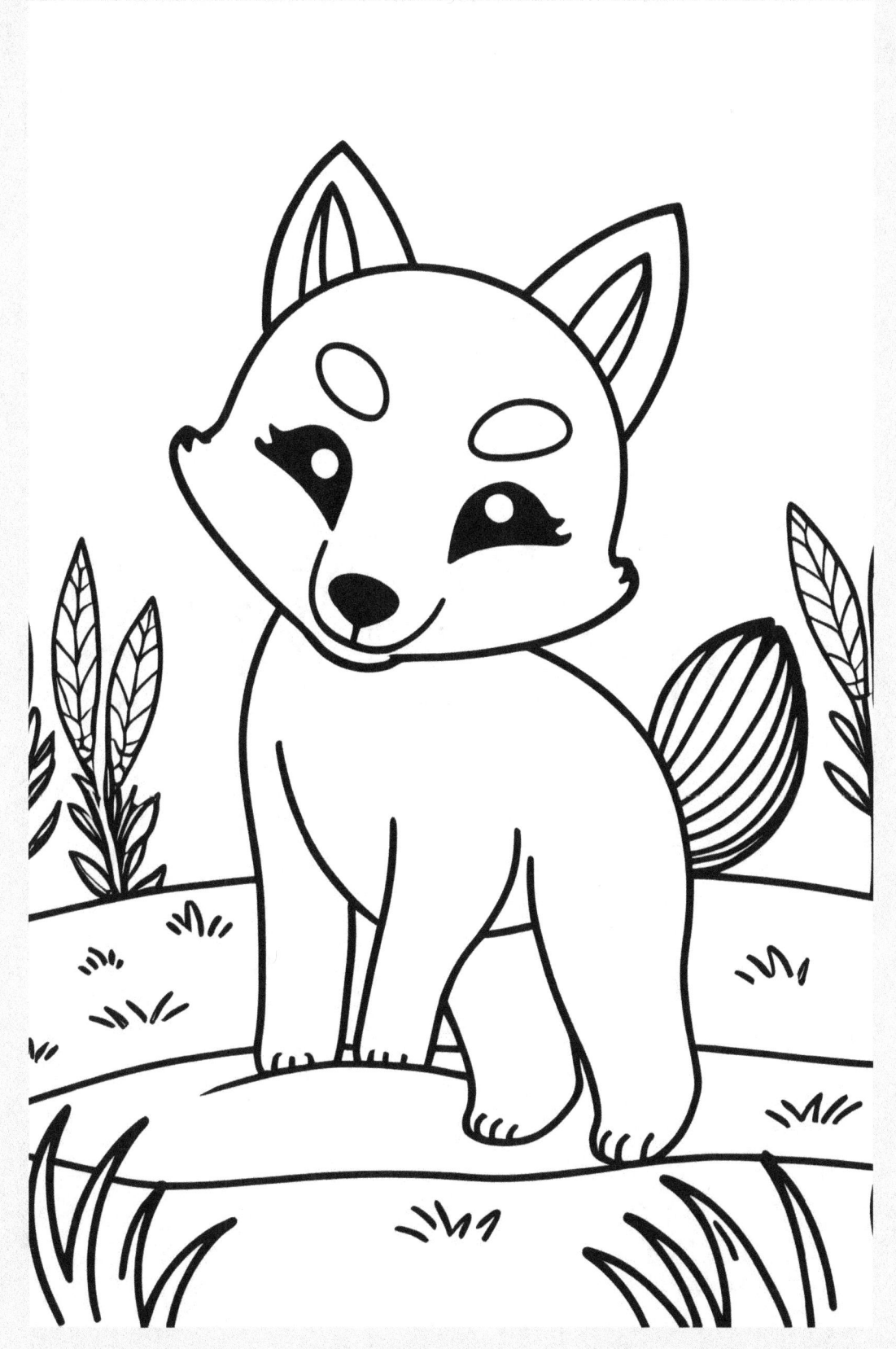

Elefante

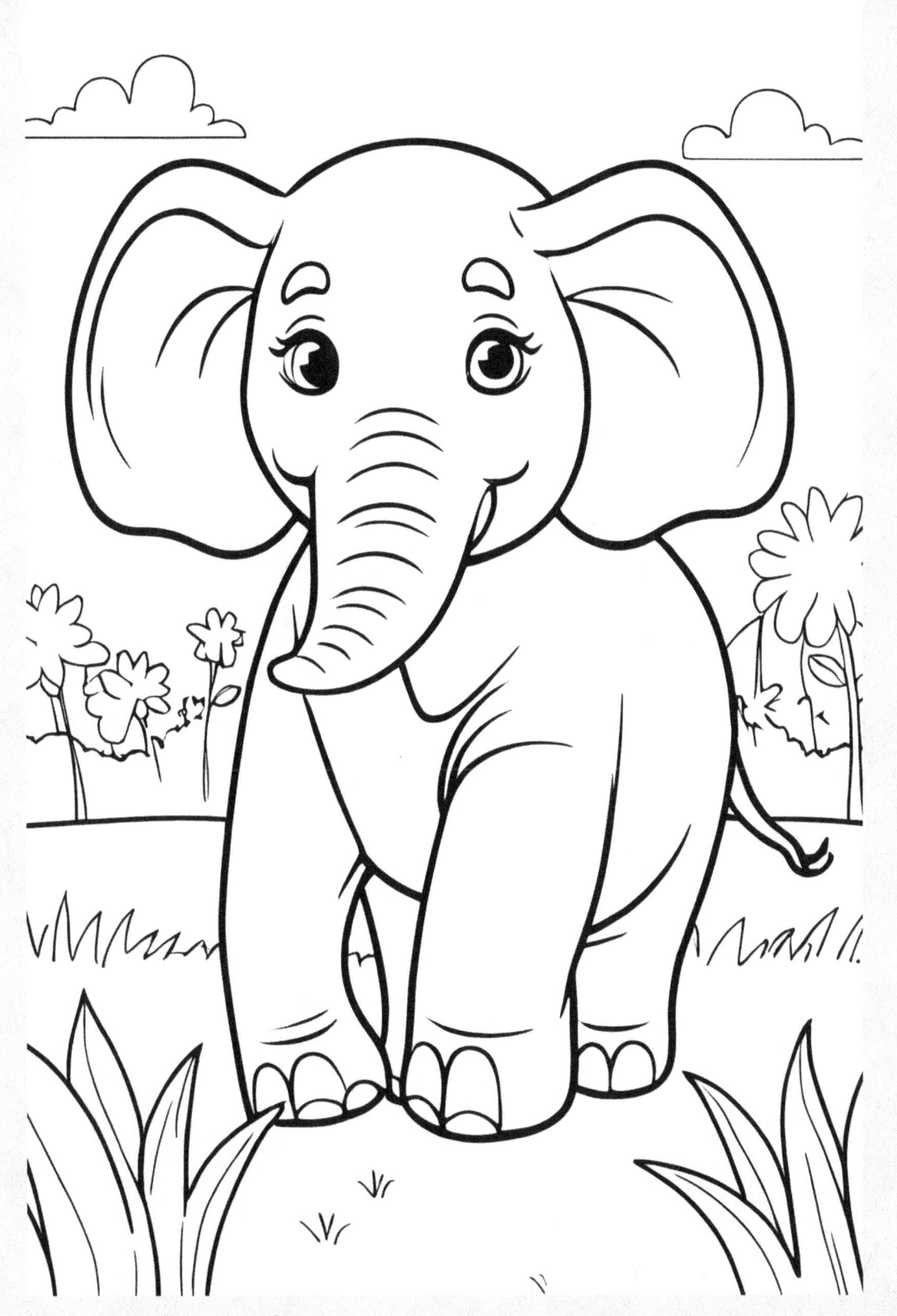

Perro

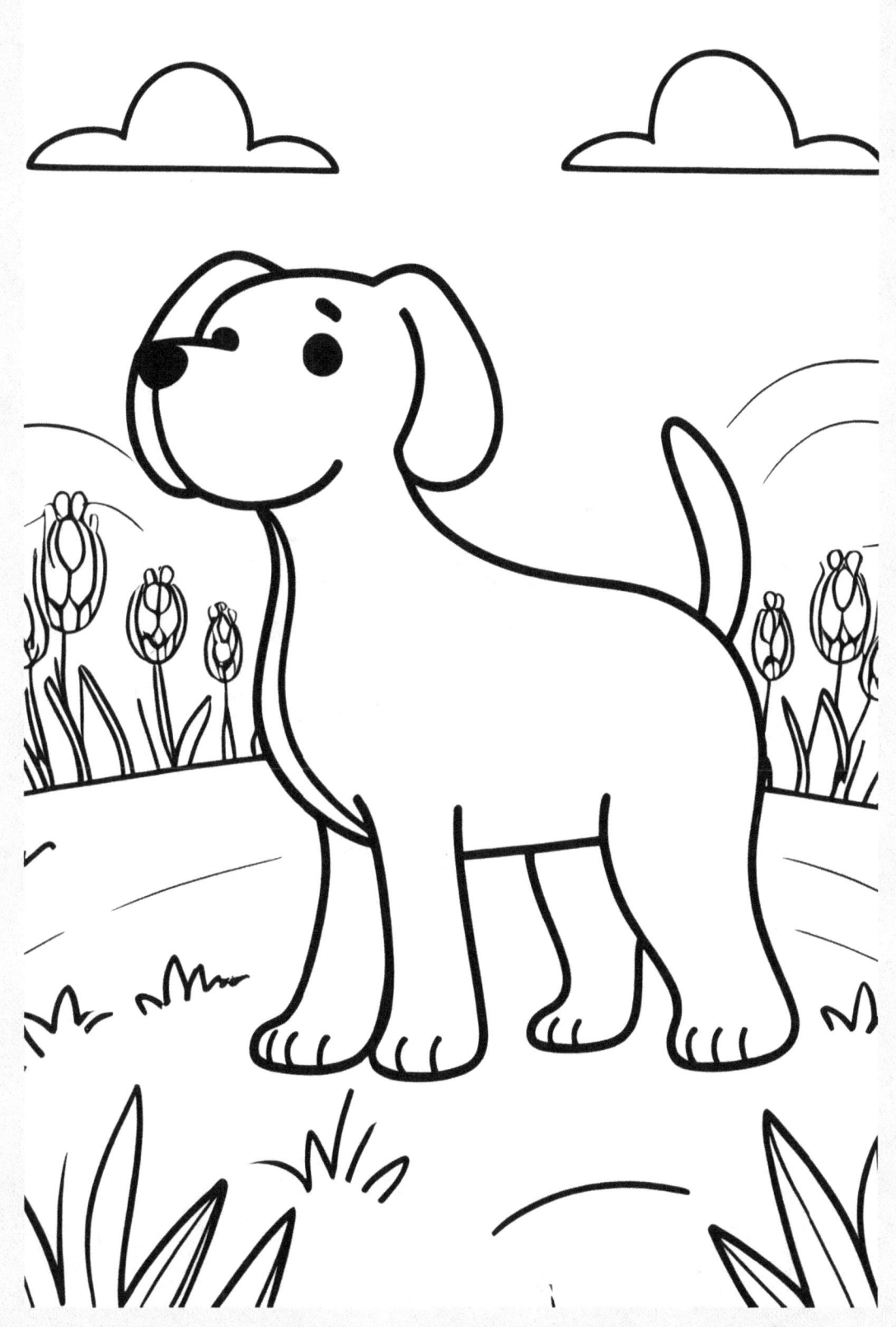

Vaca

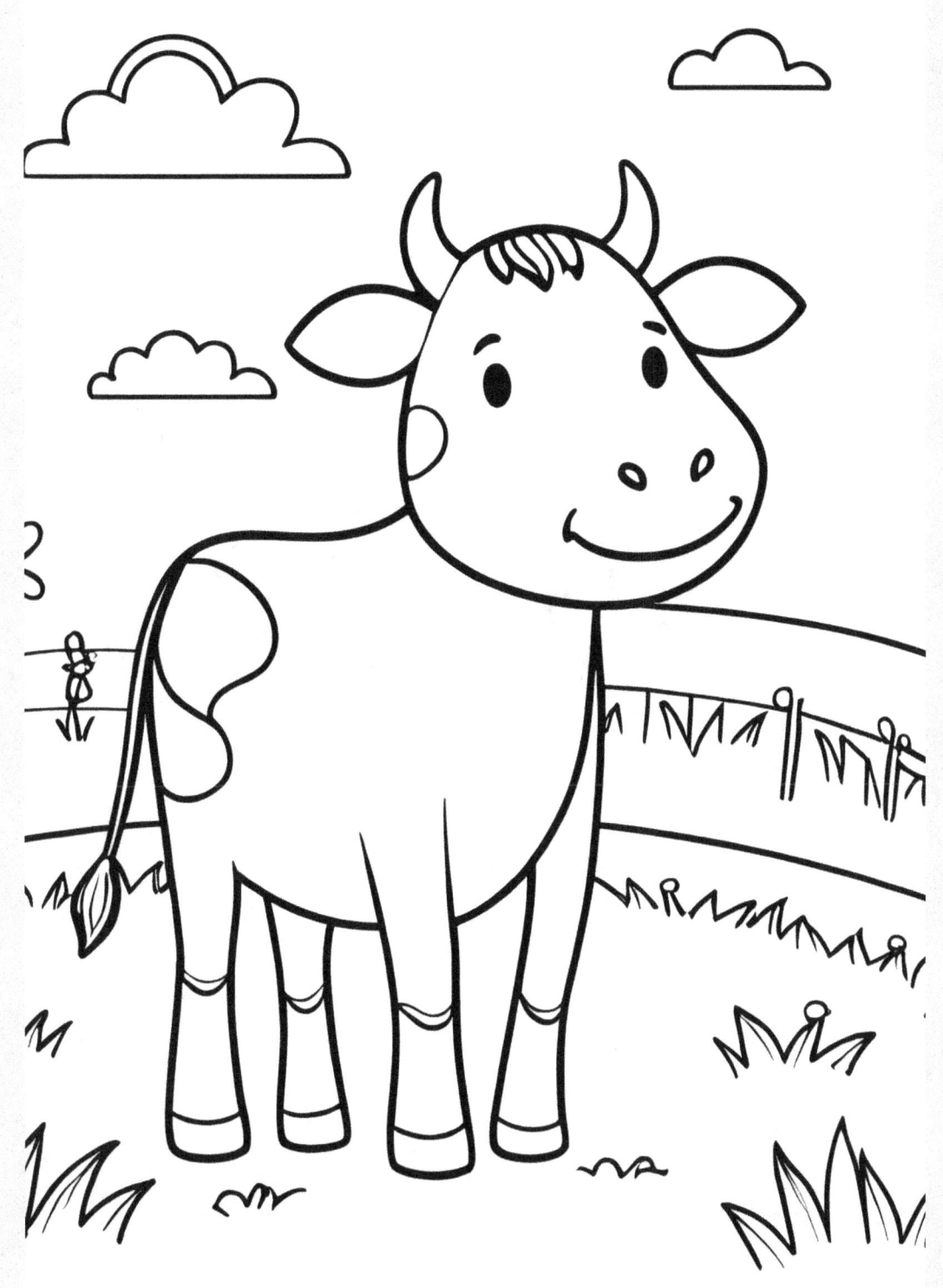

Oveja

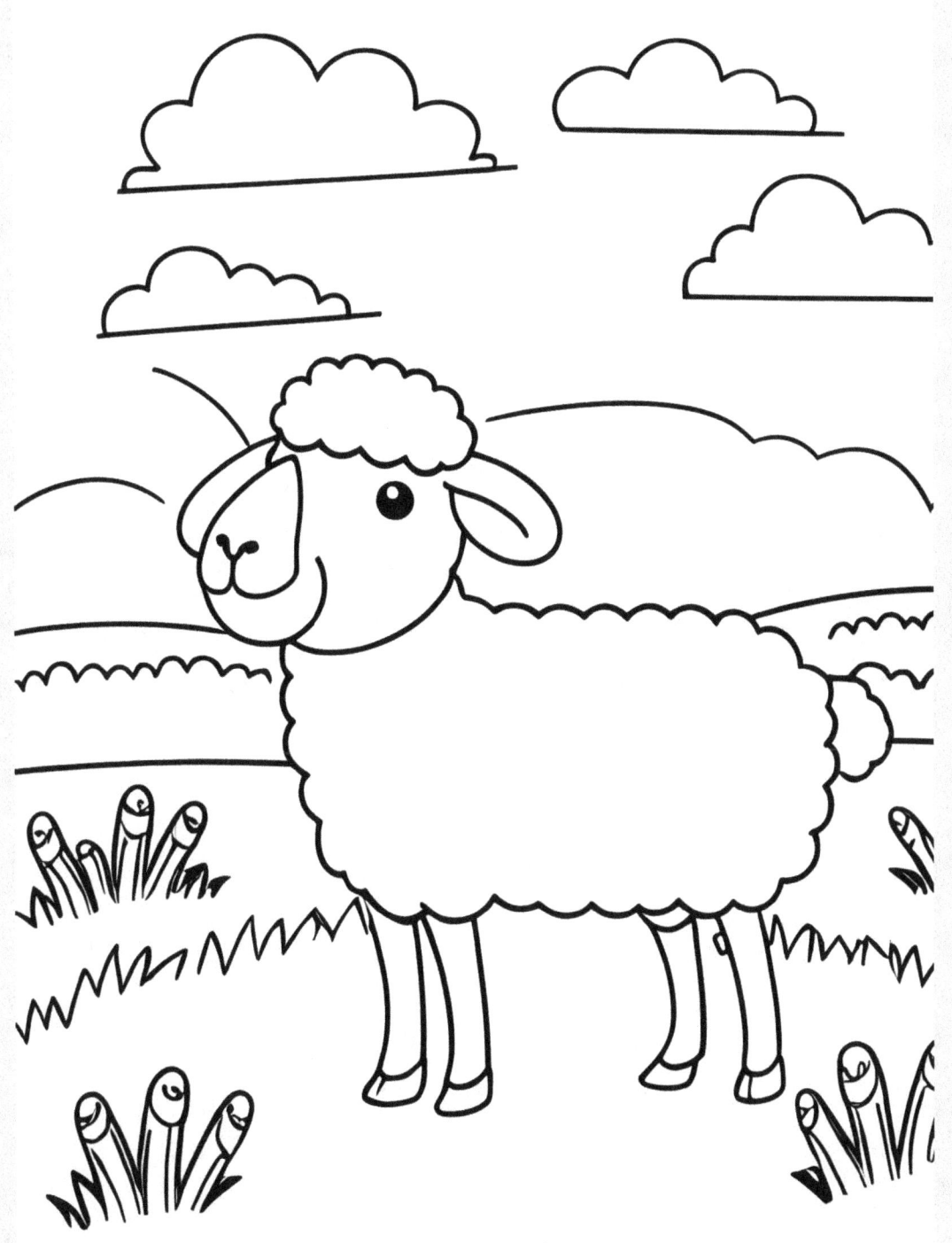

Rinoceronte

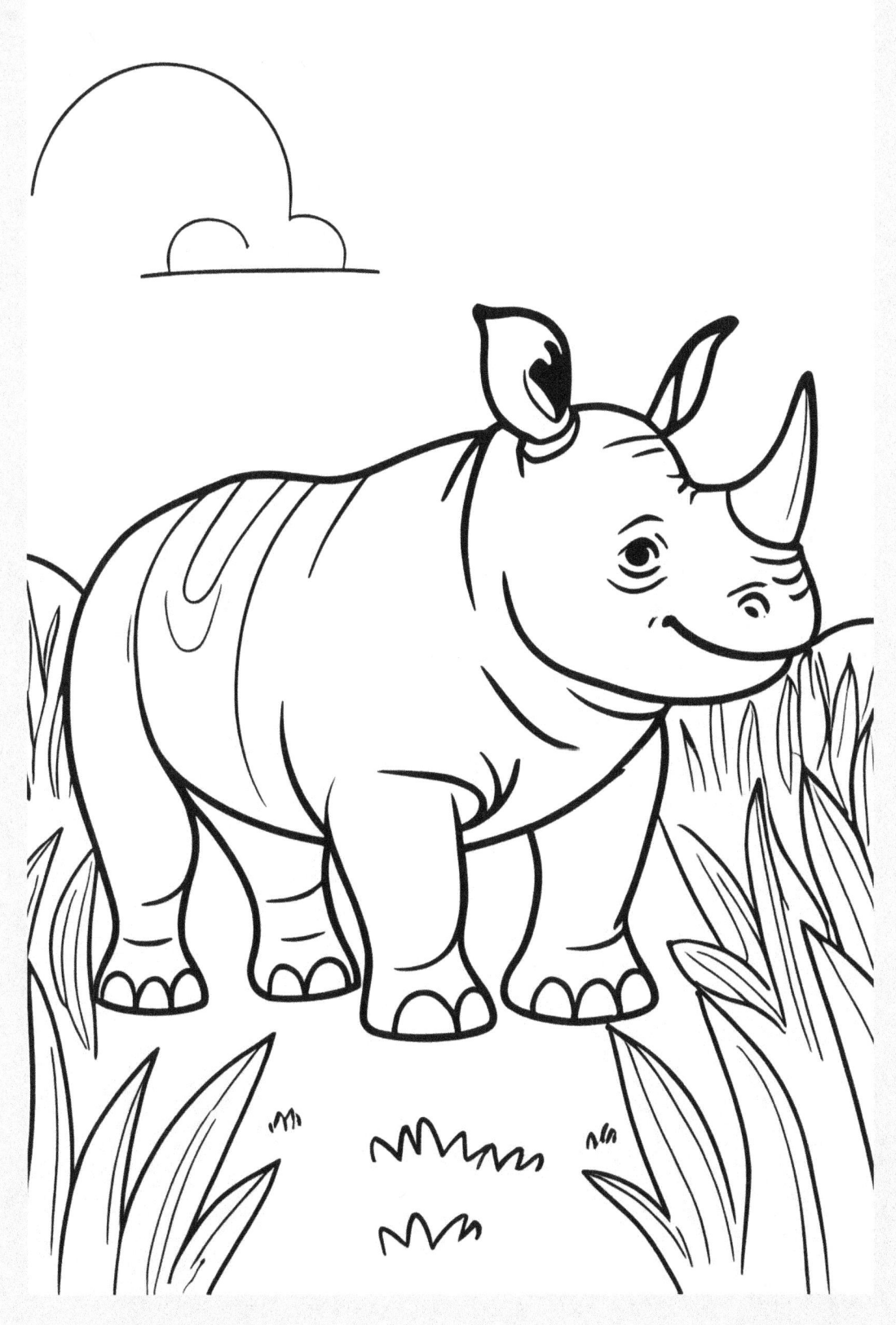

Canguro

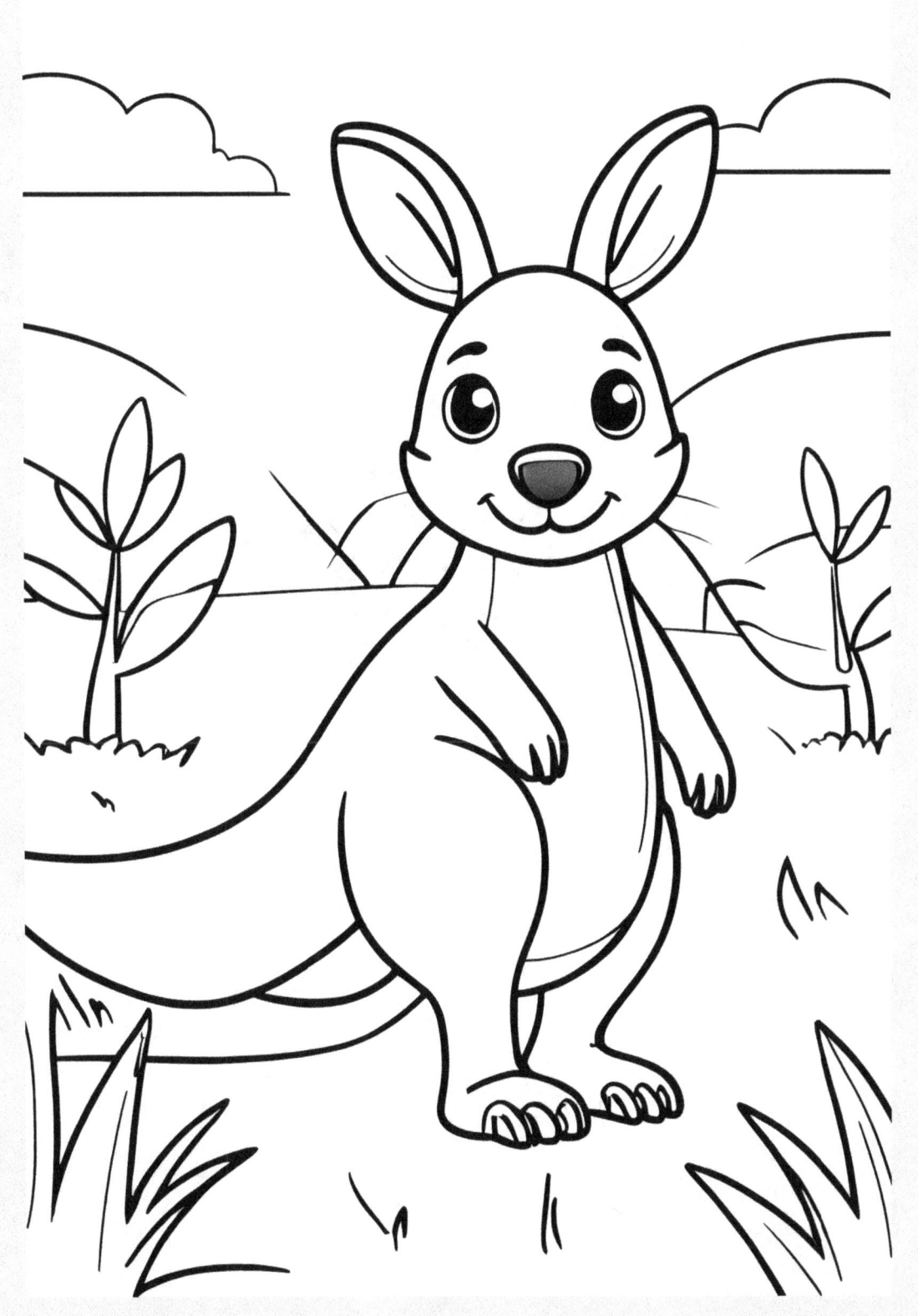

León

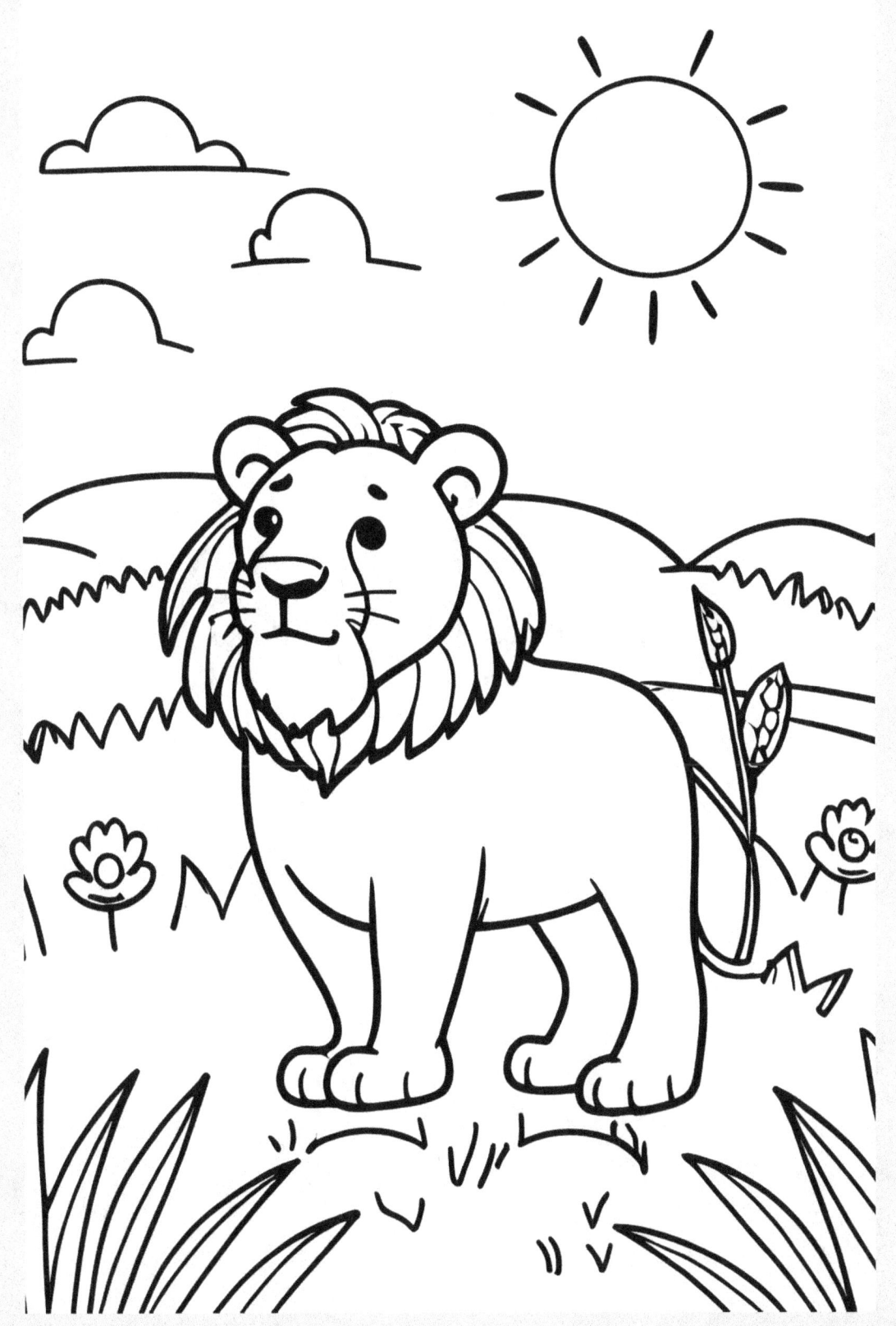

Cebra

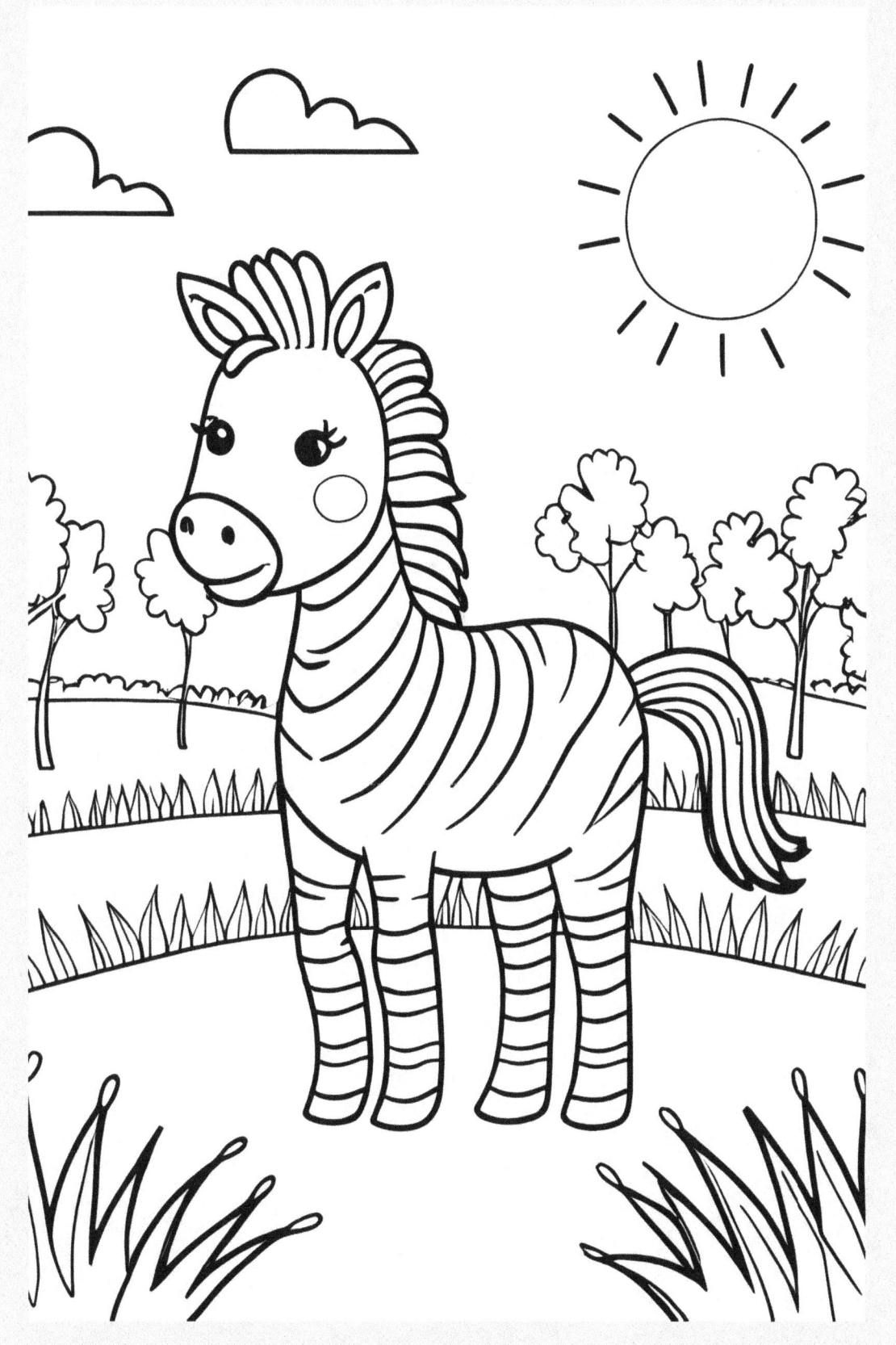

OSO

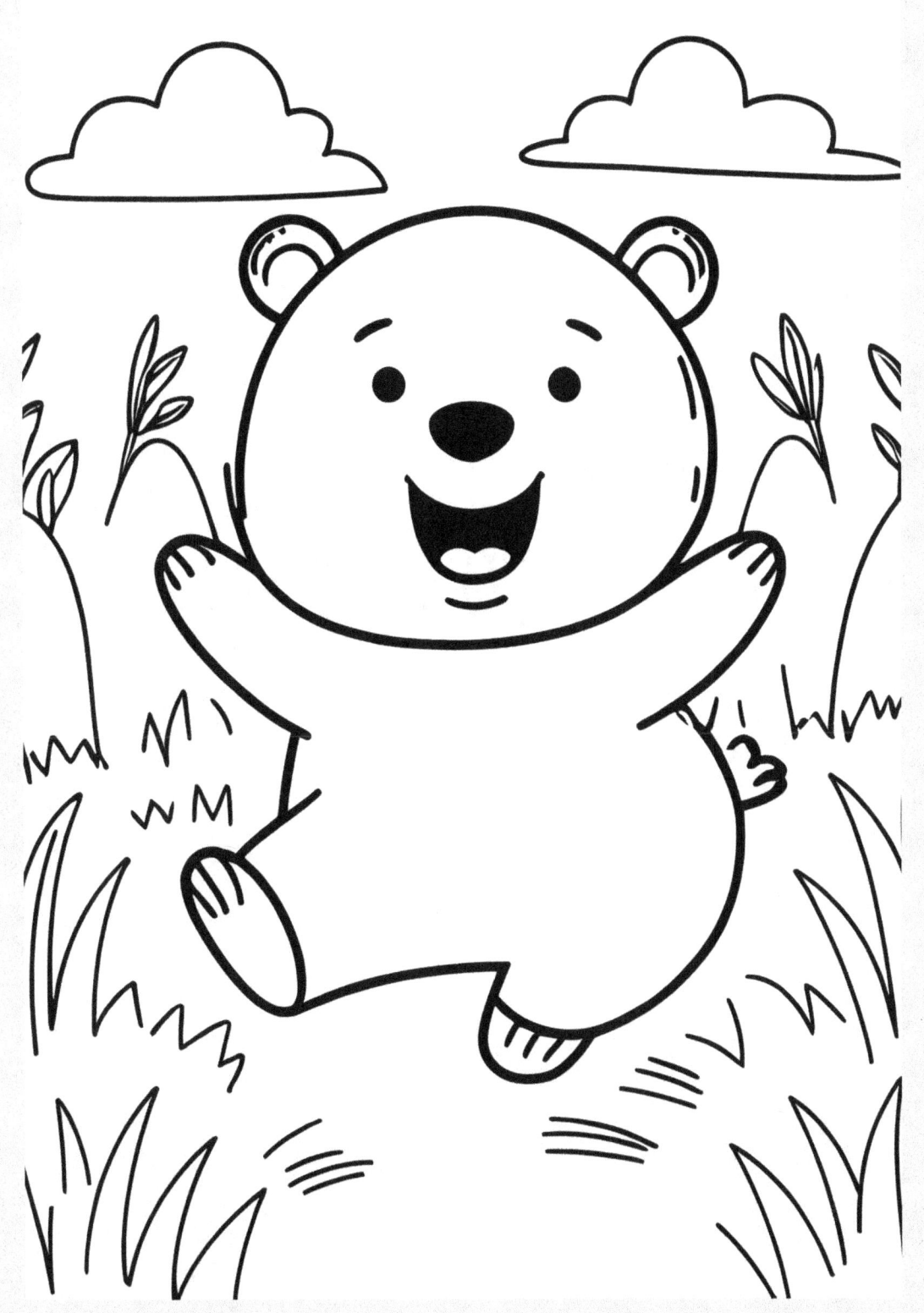

Mono

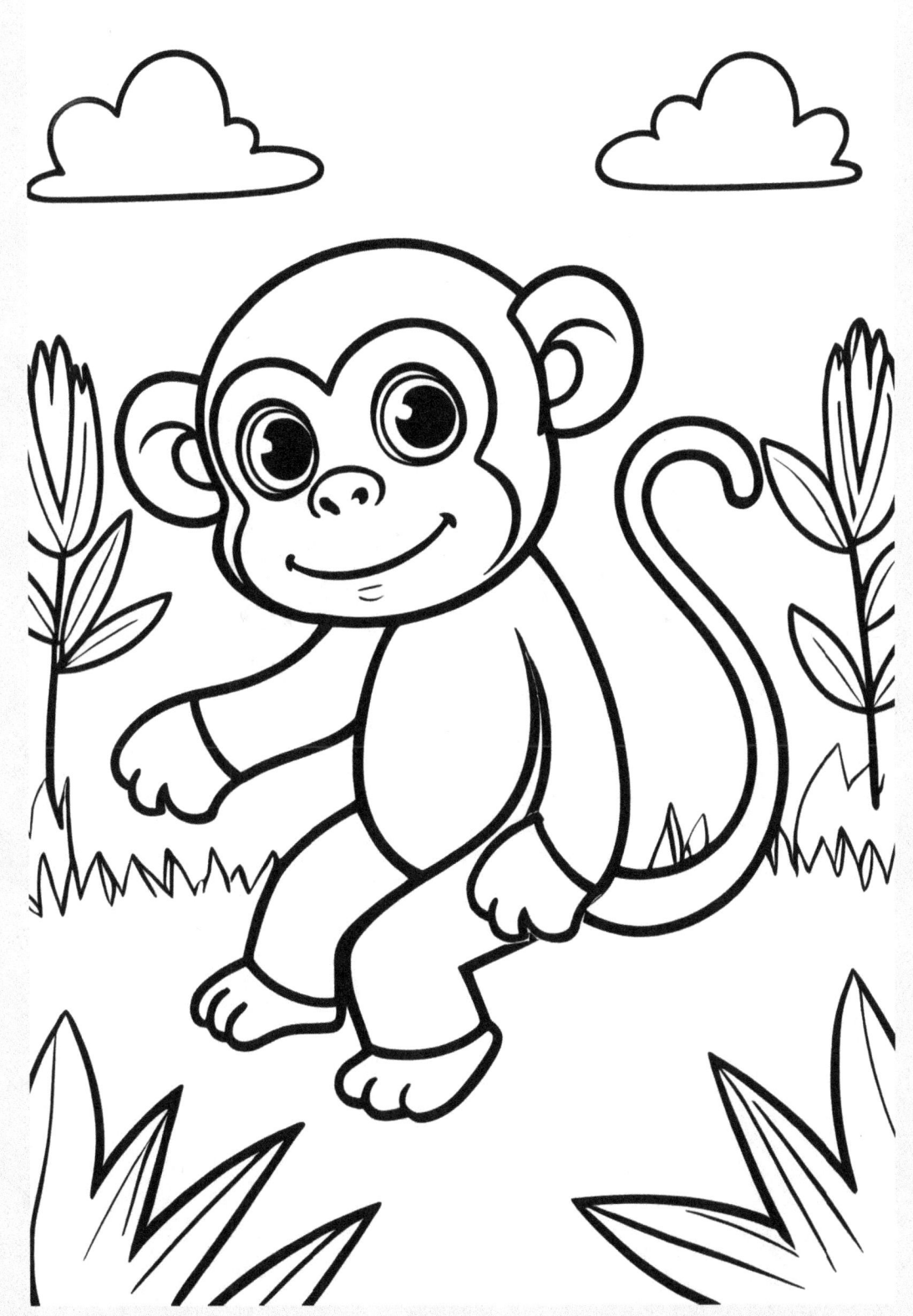

Tigre

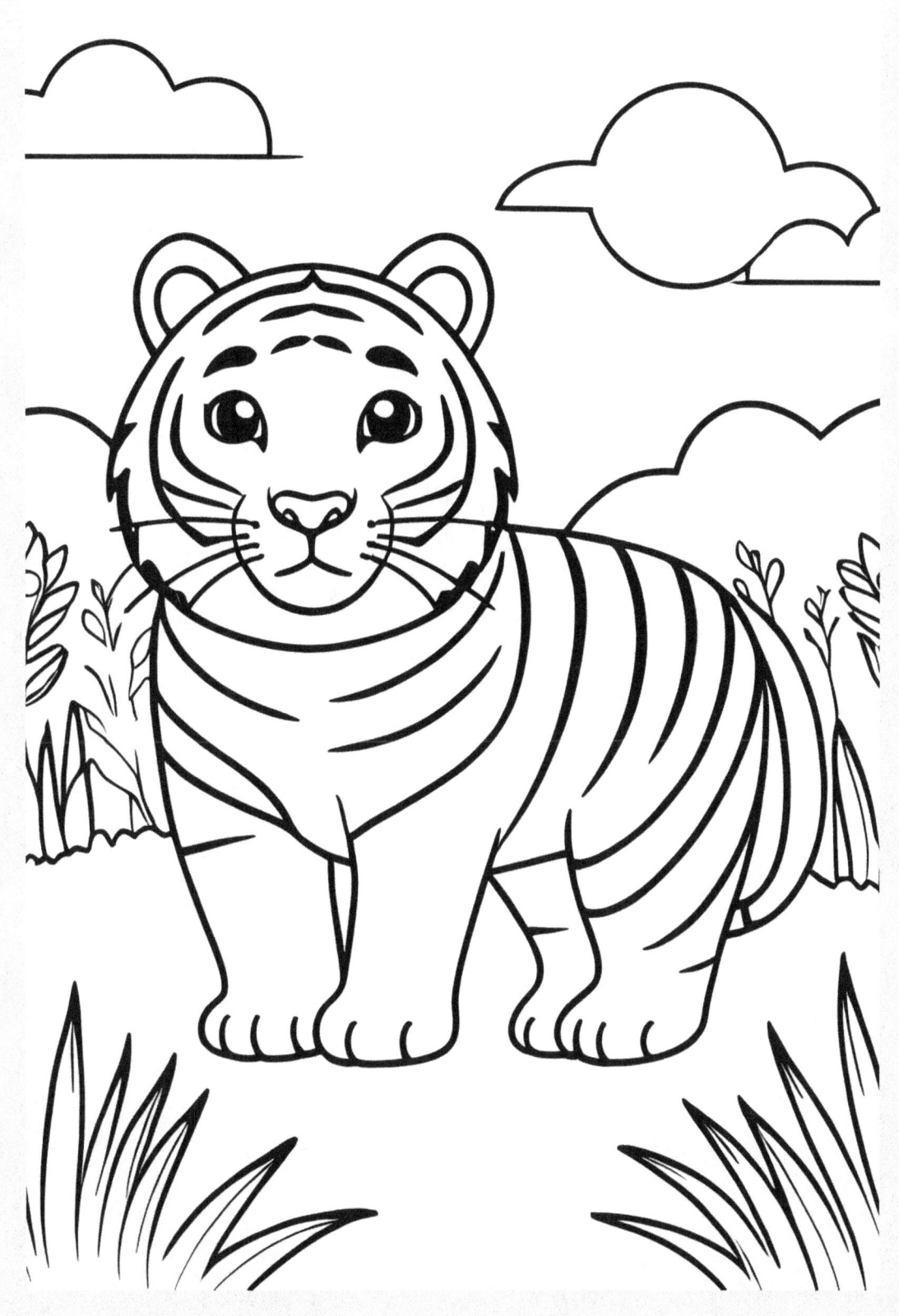

Lobo

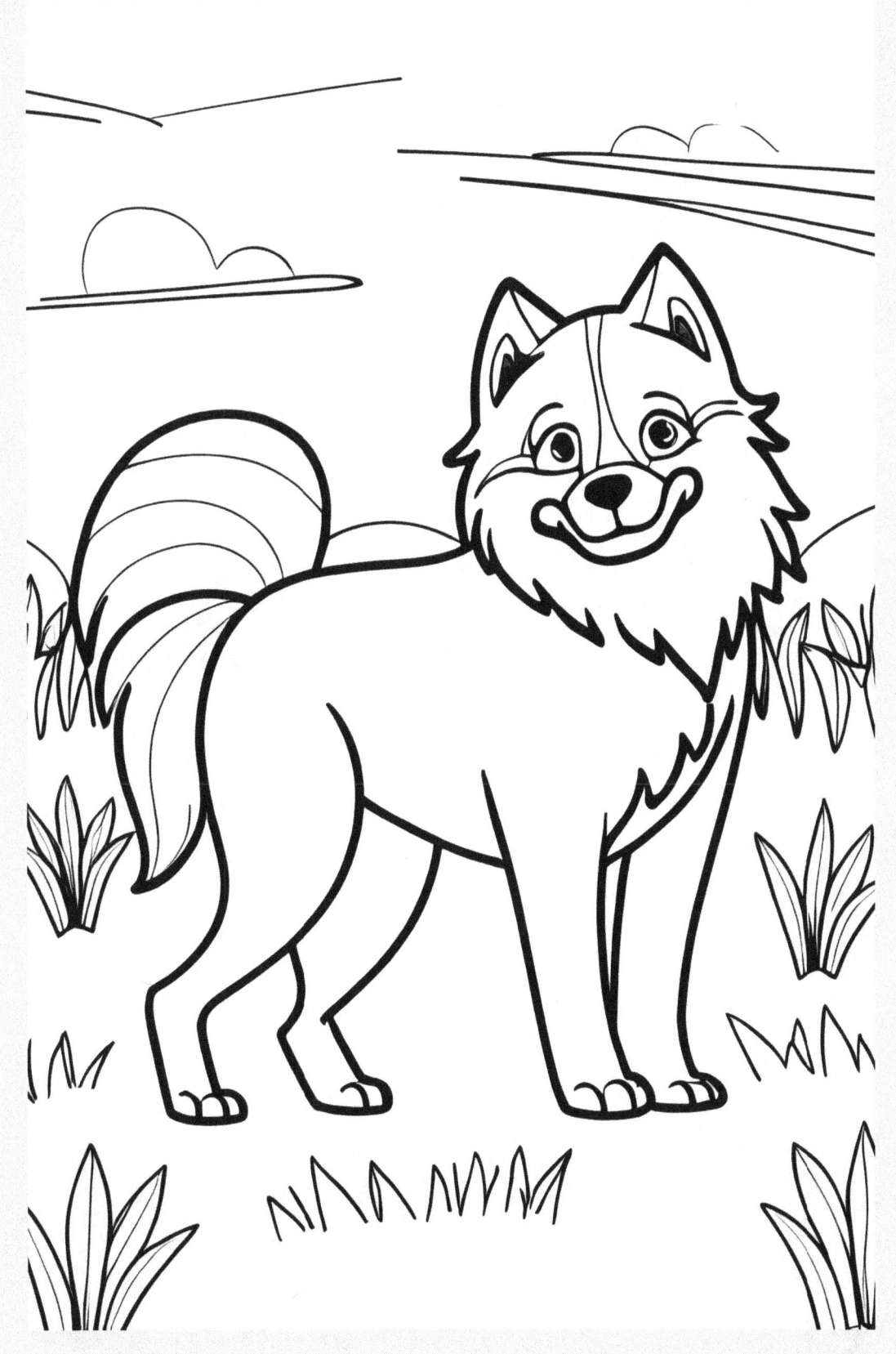

Pulpo

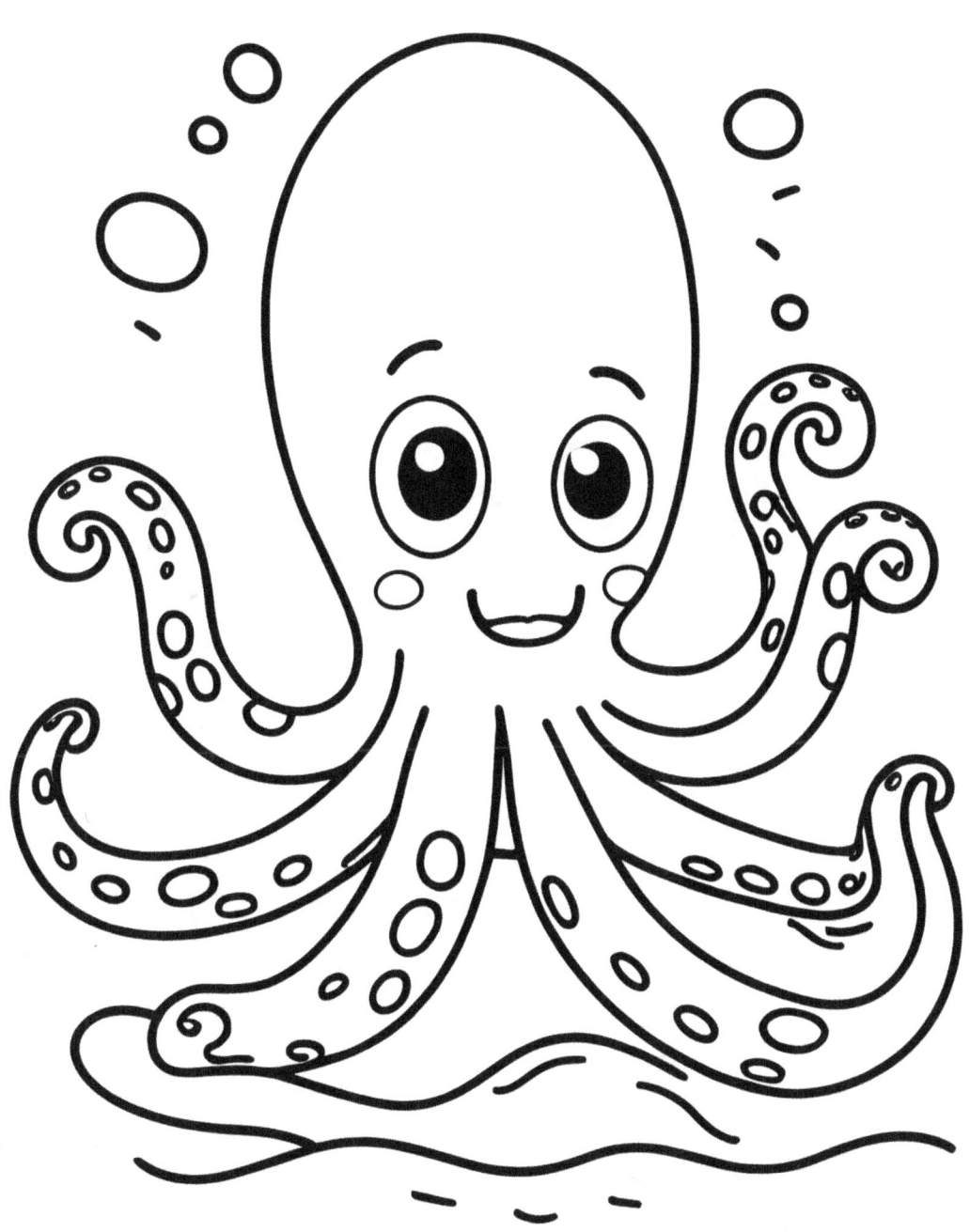

Ciervo

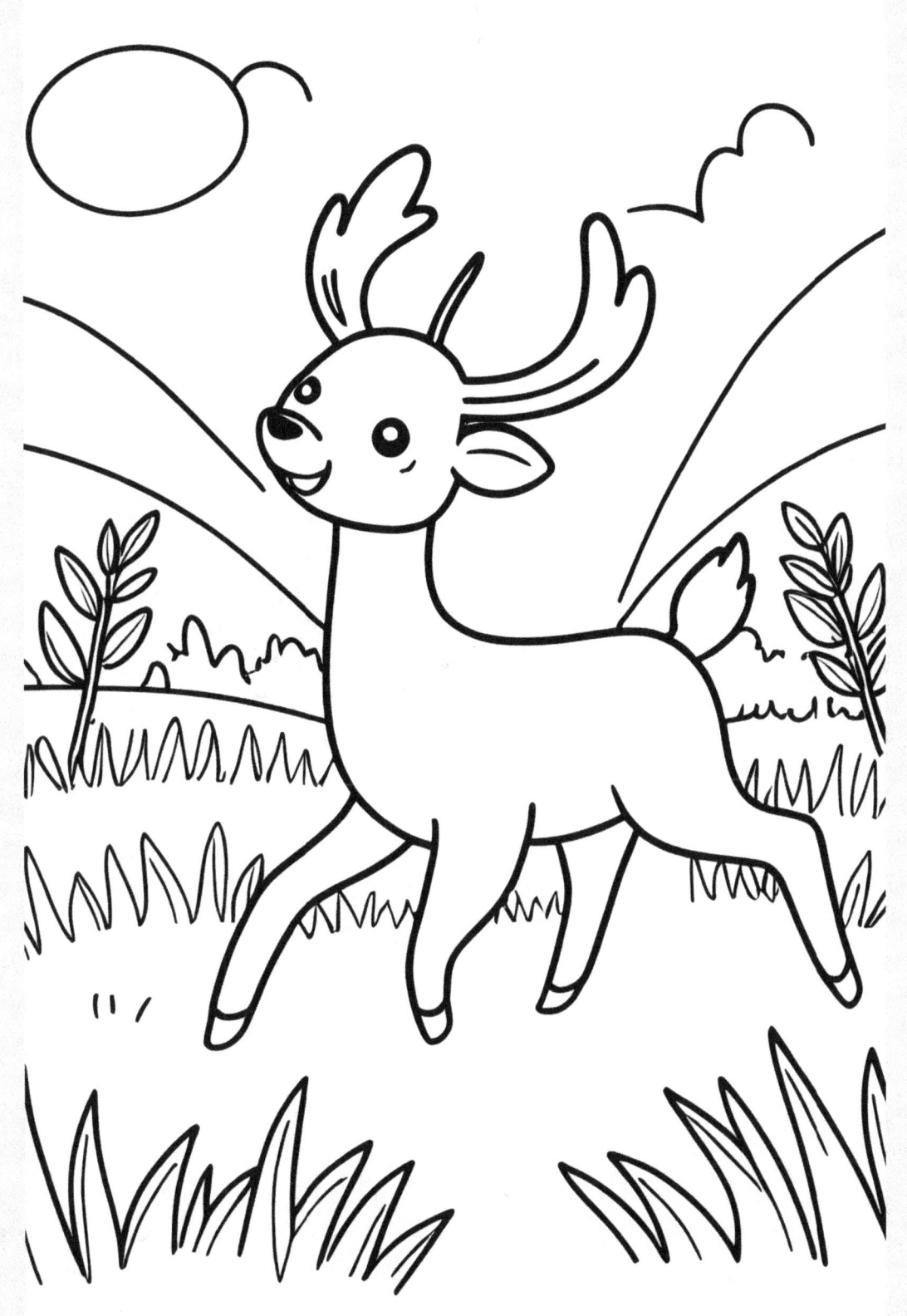

Peces

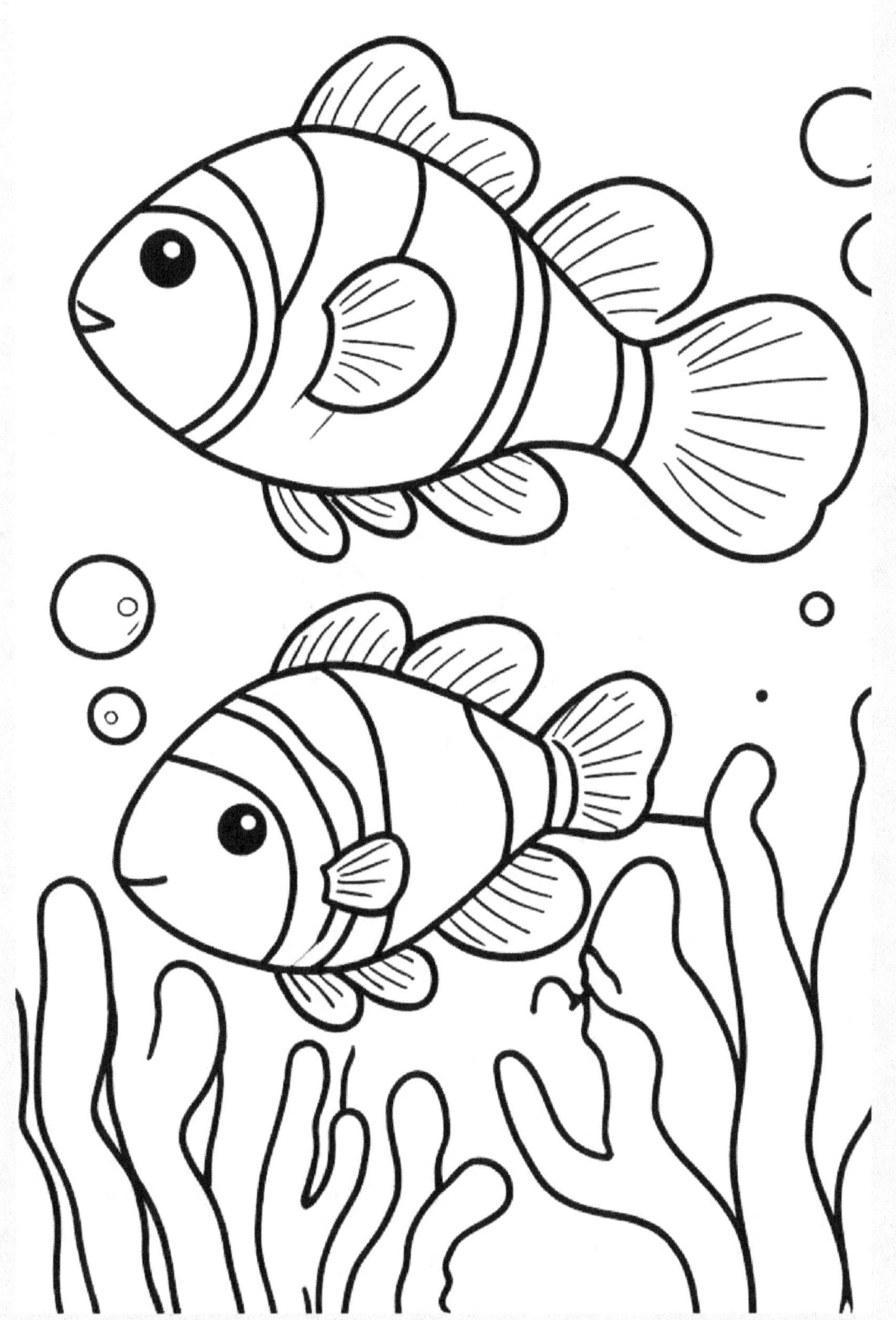

Castor

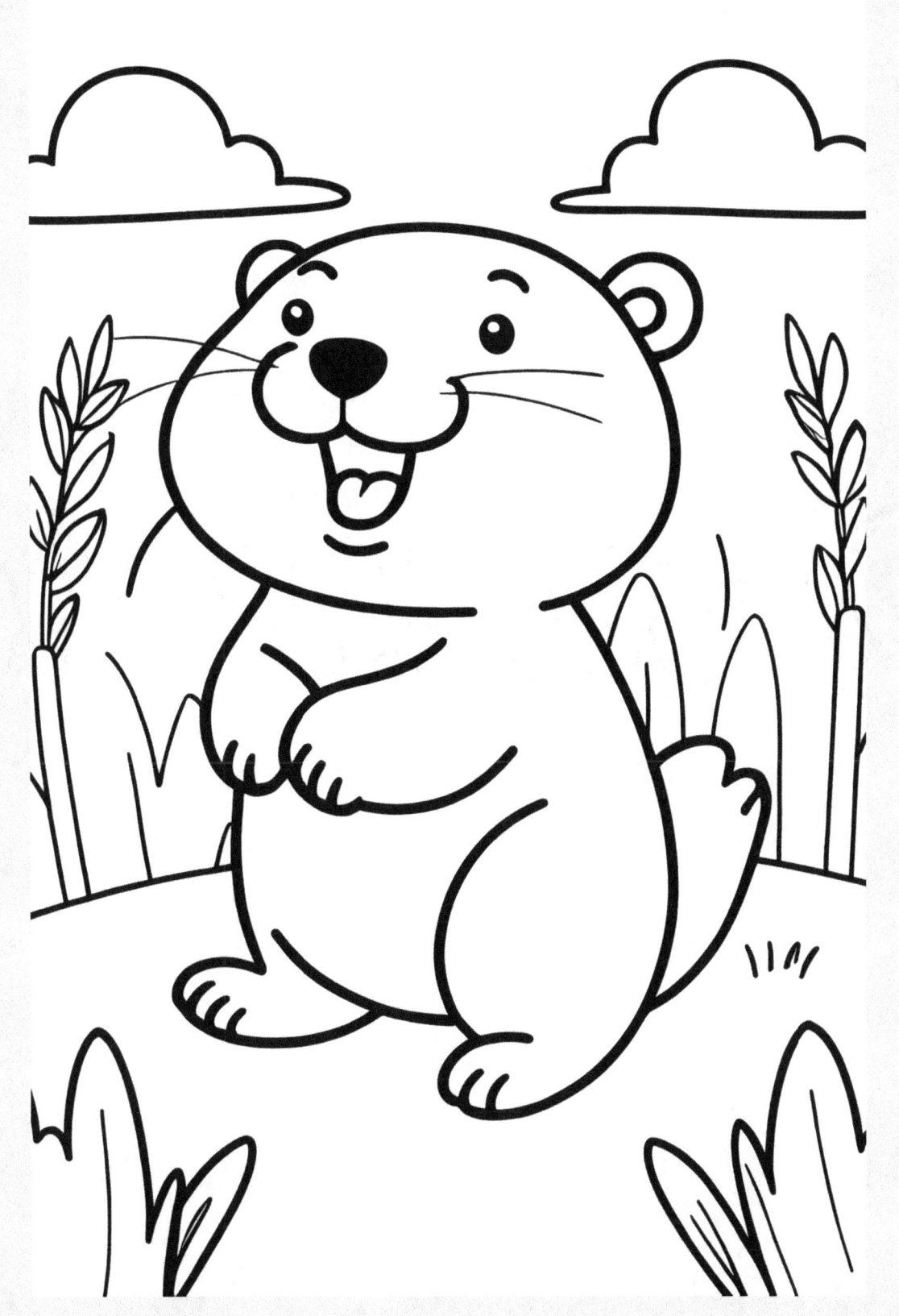

Dromedario

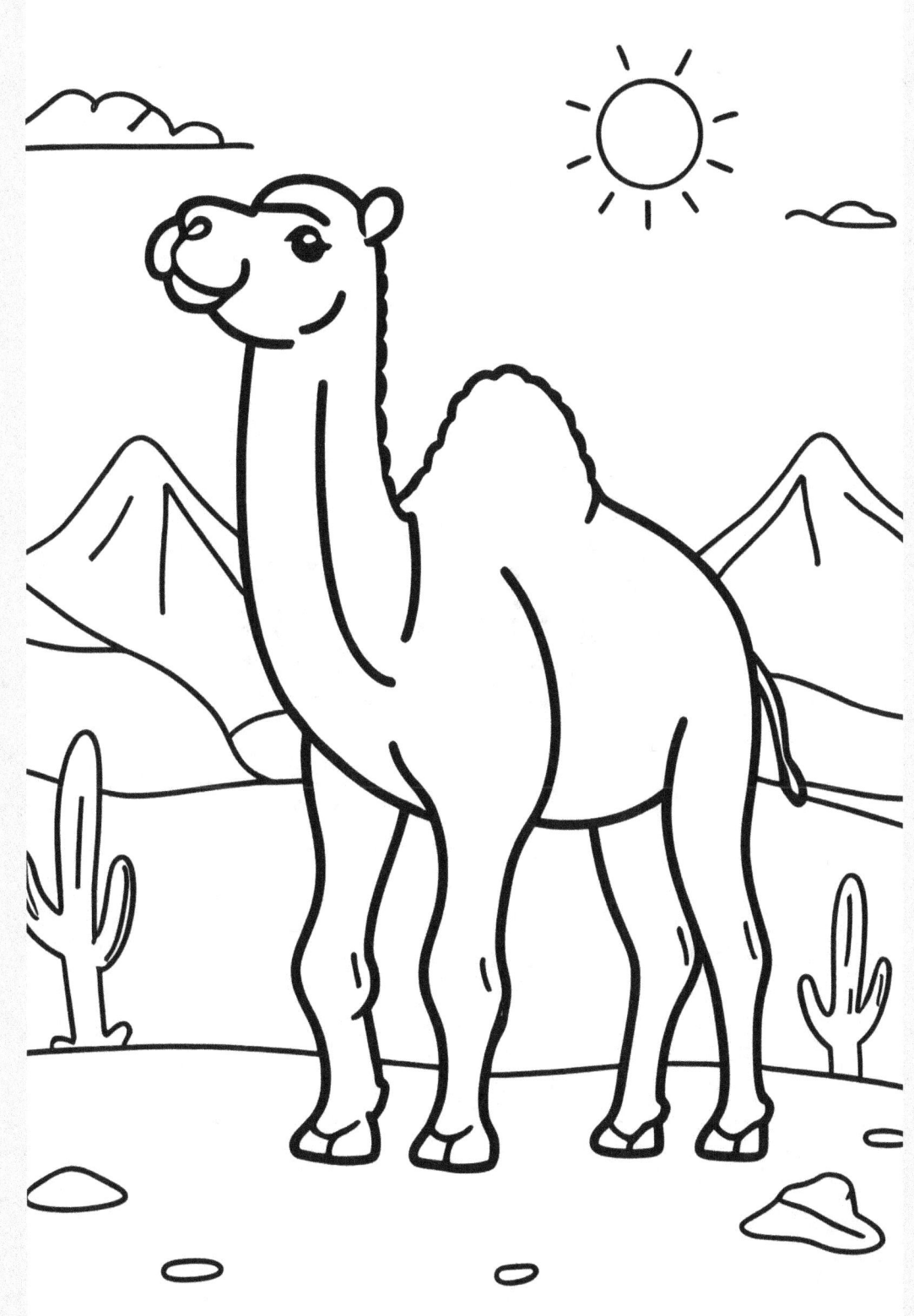

Buho

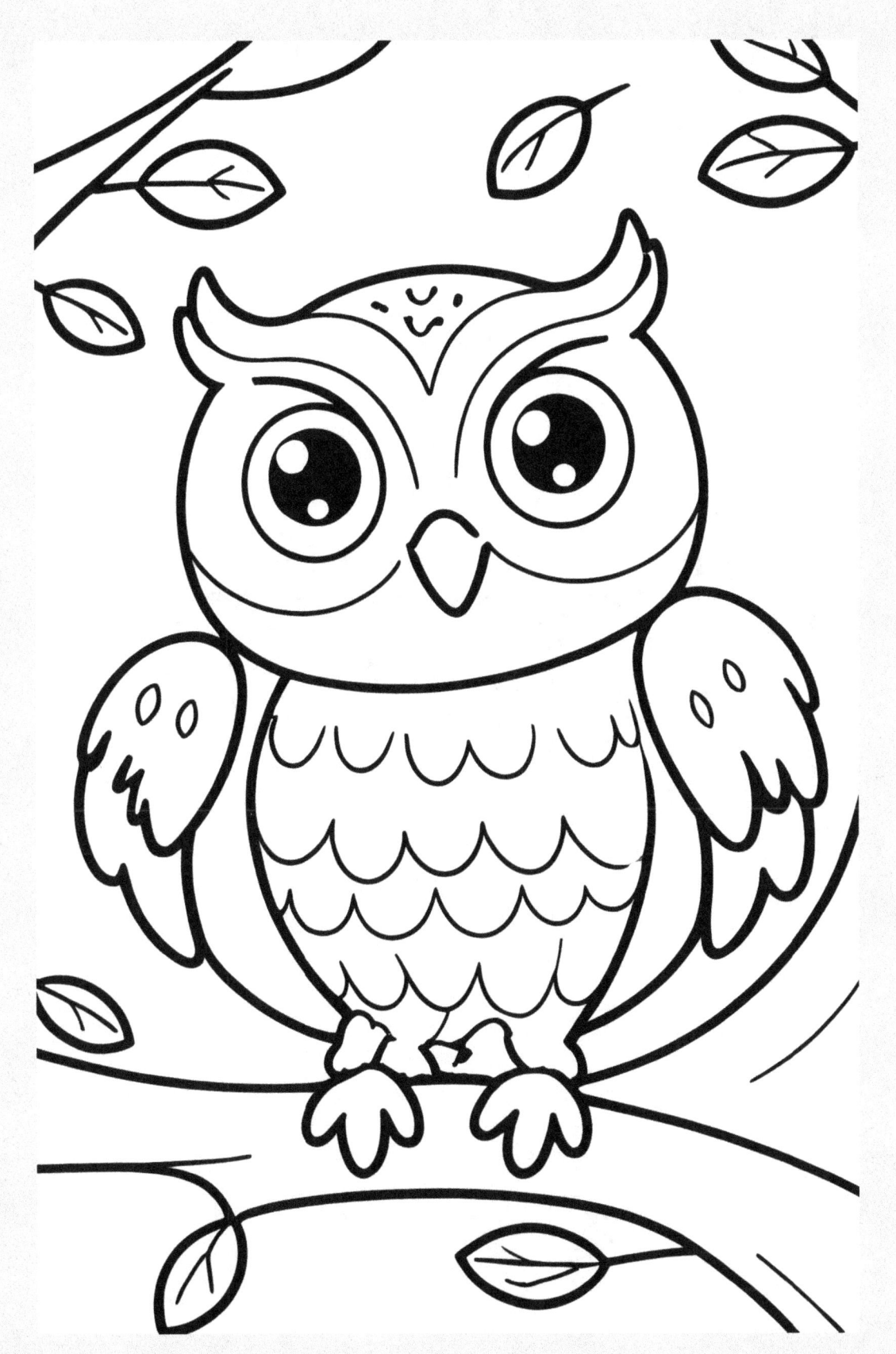

Pingüino

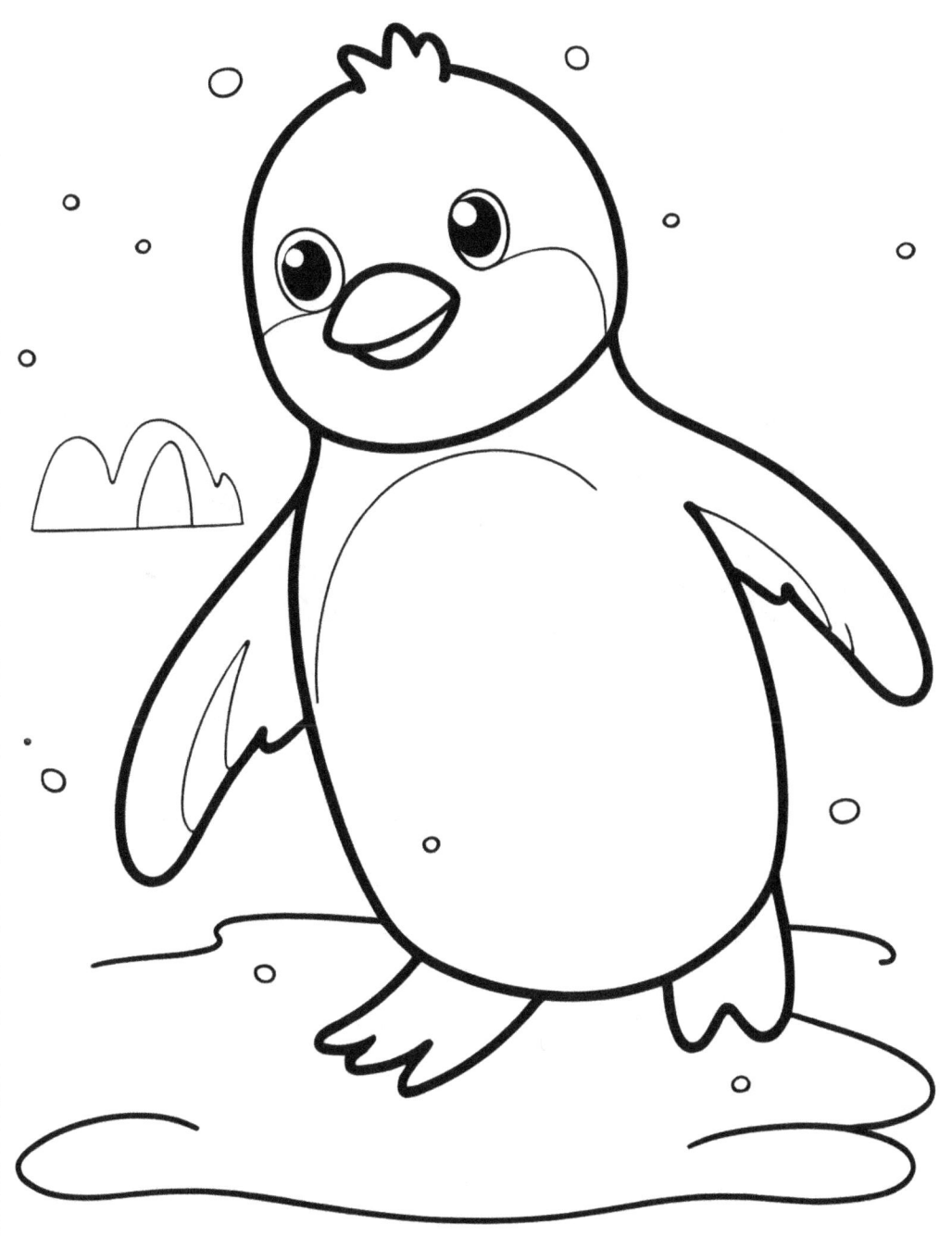

Ballena

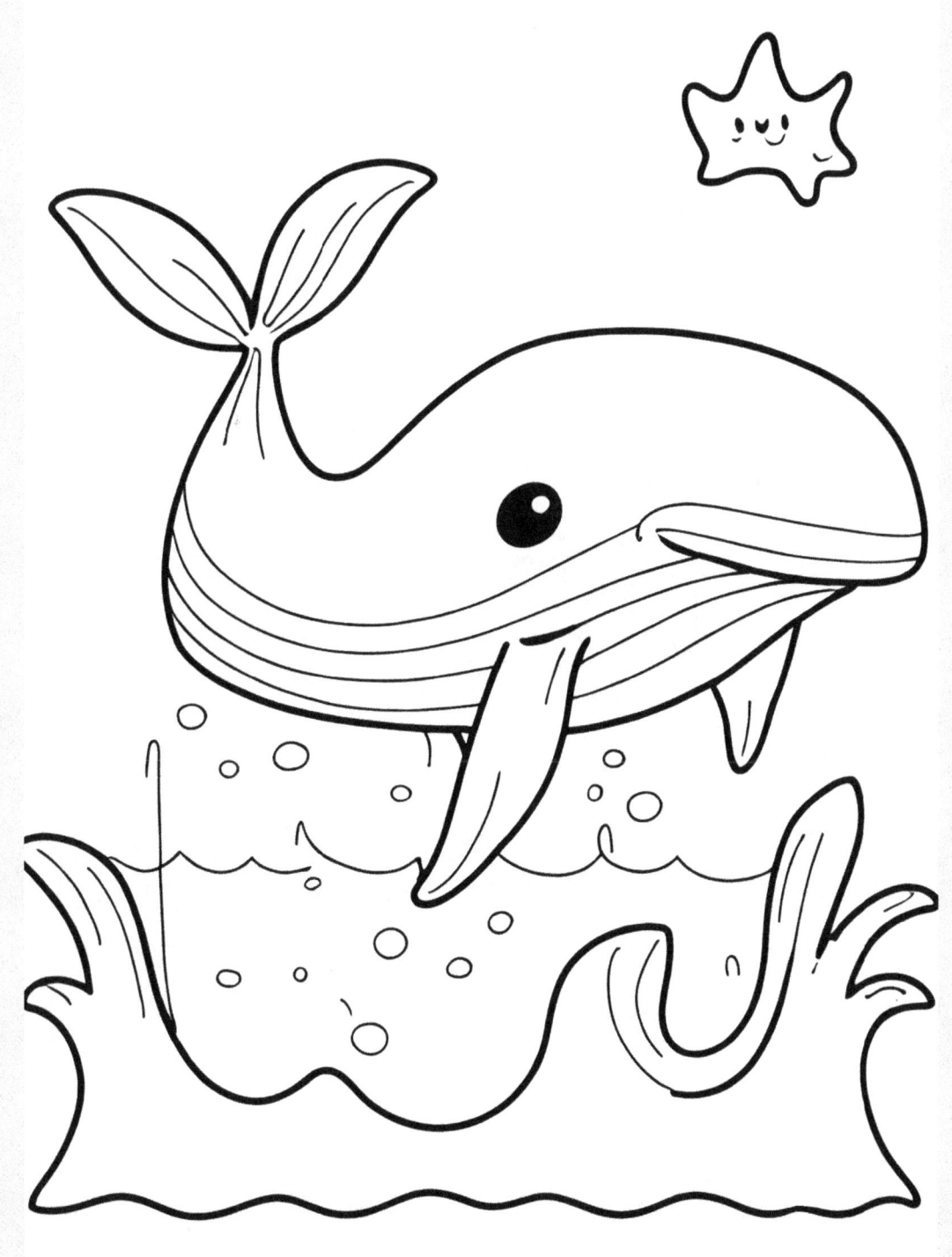

Pato

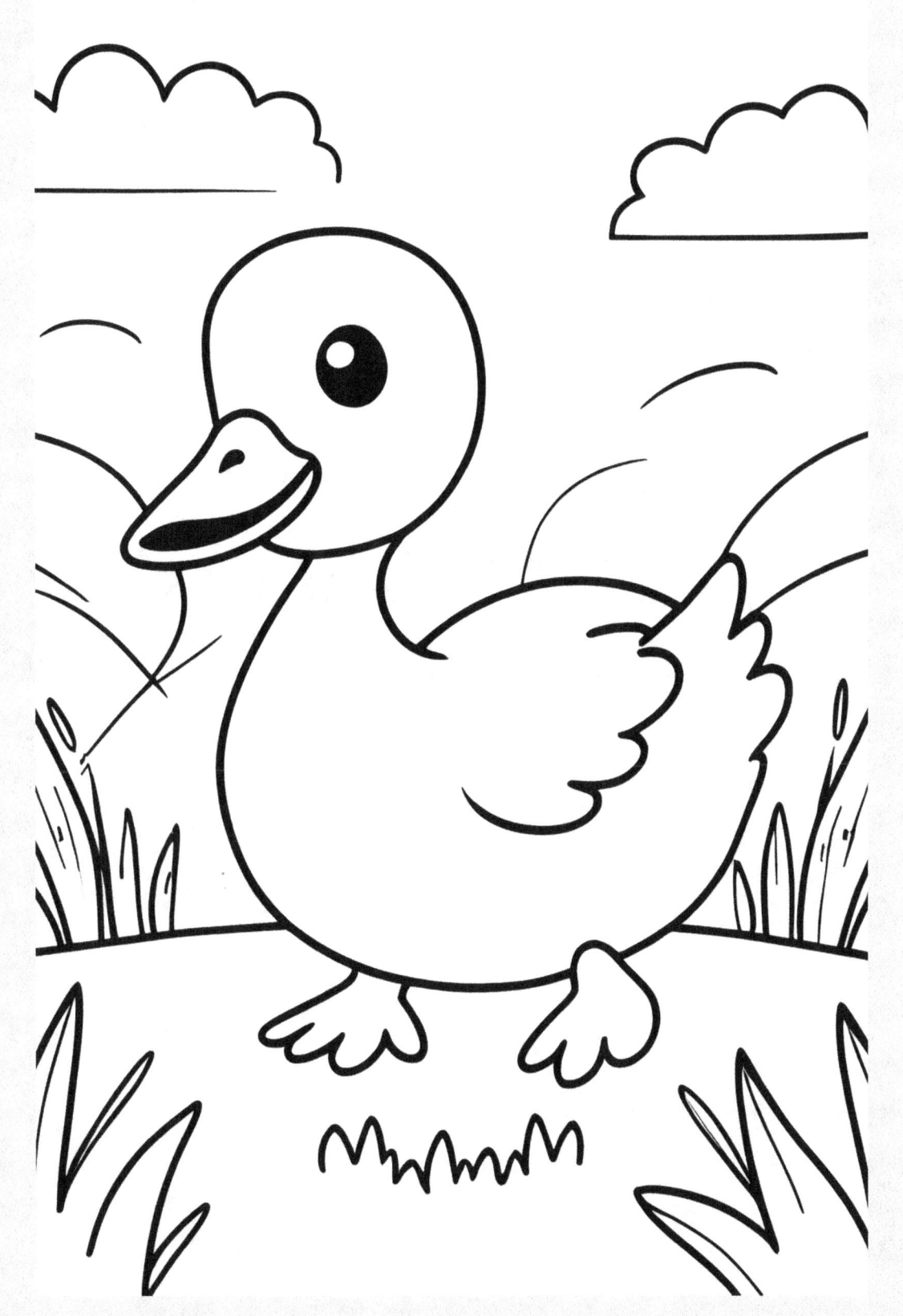

Mariposa

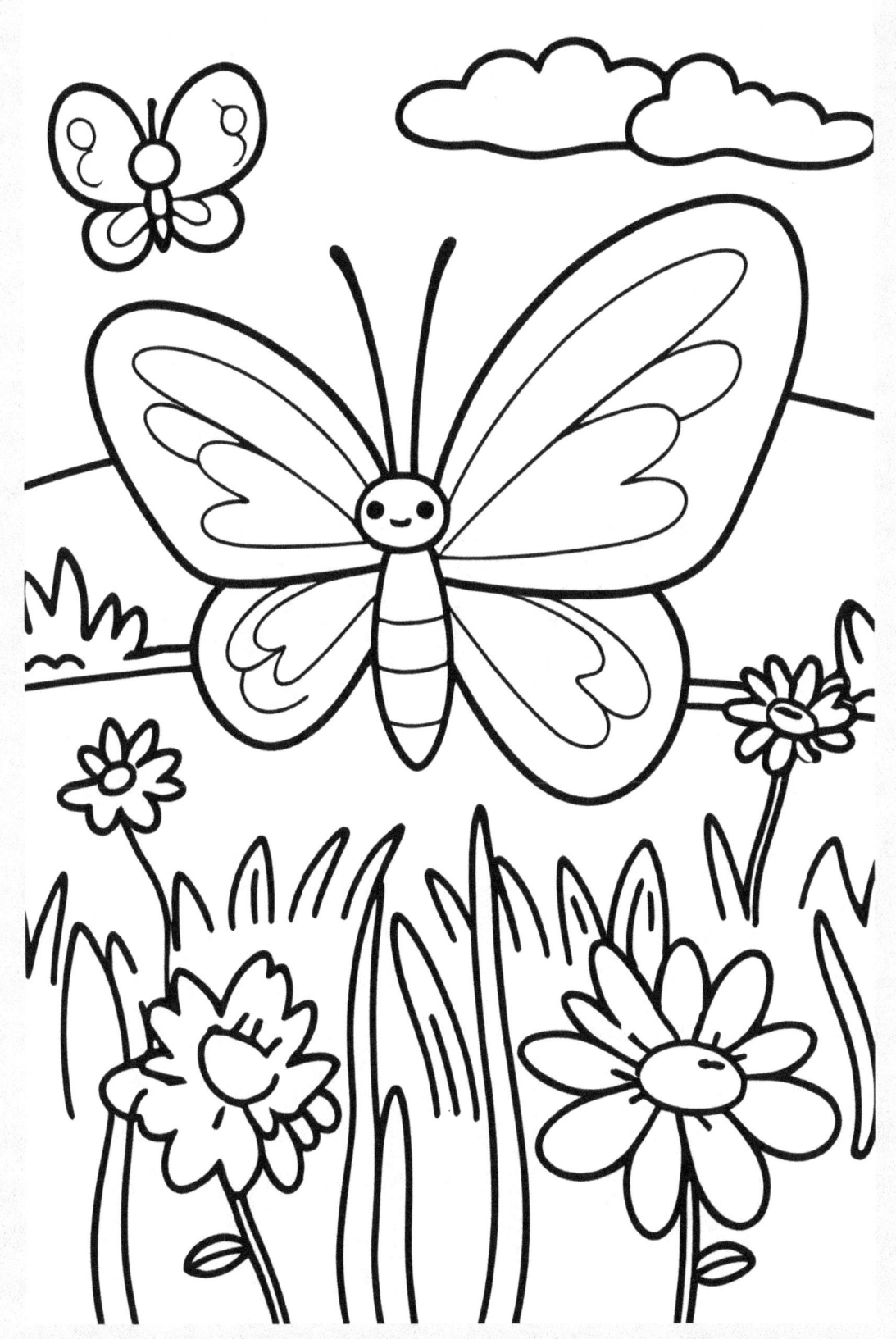

Foca

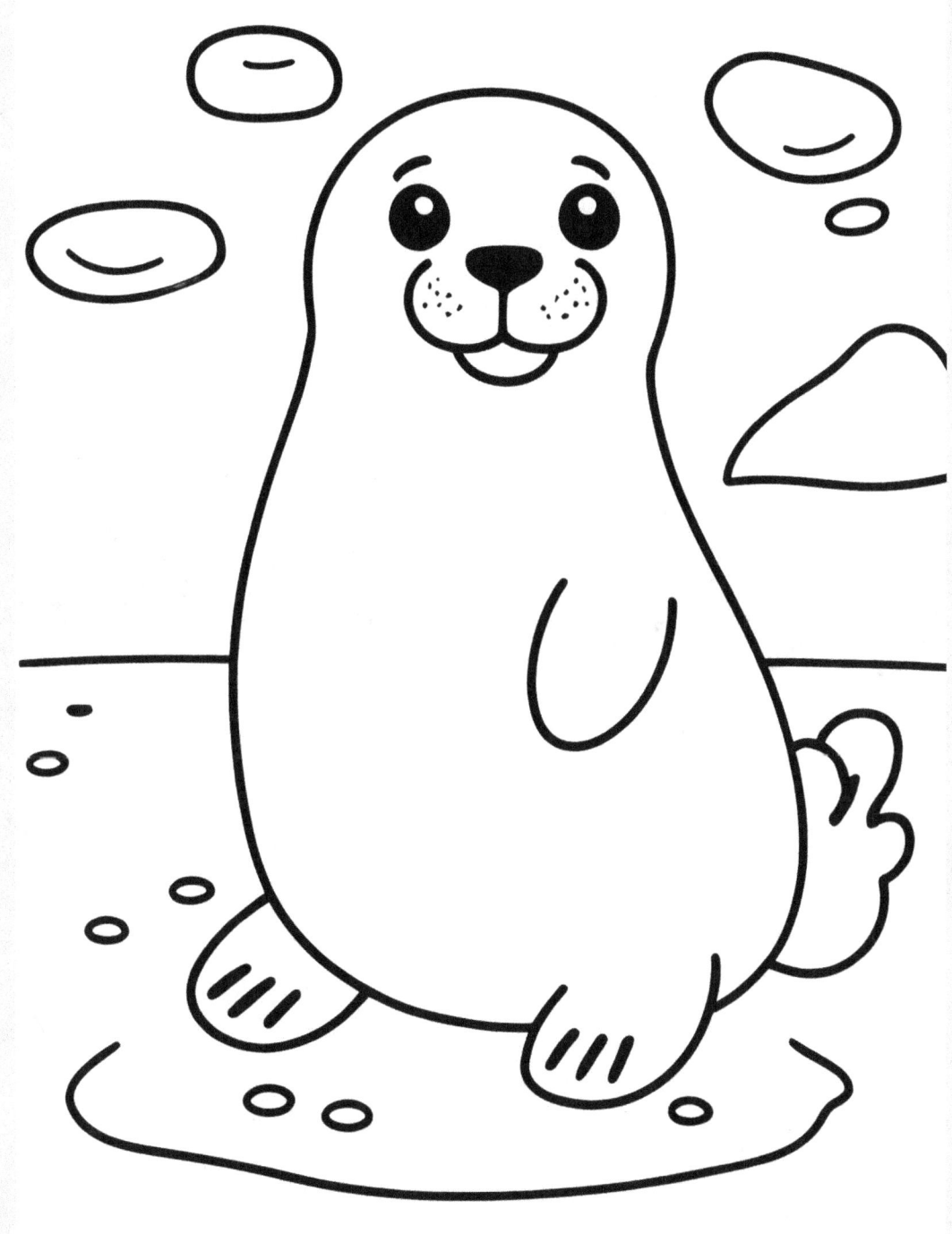

Cocodrilo

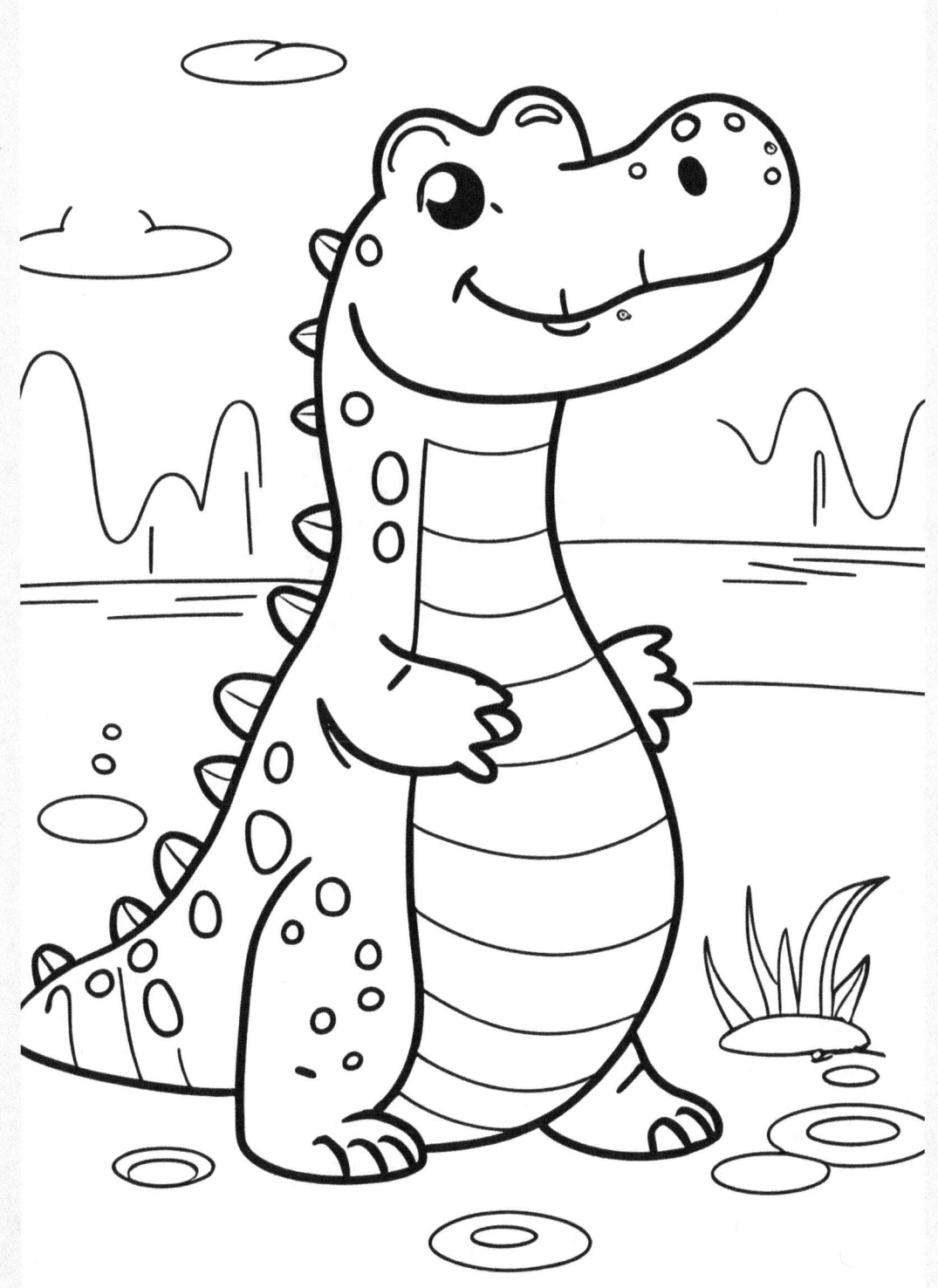

Delfín

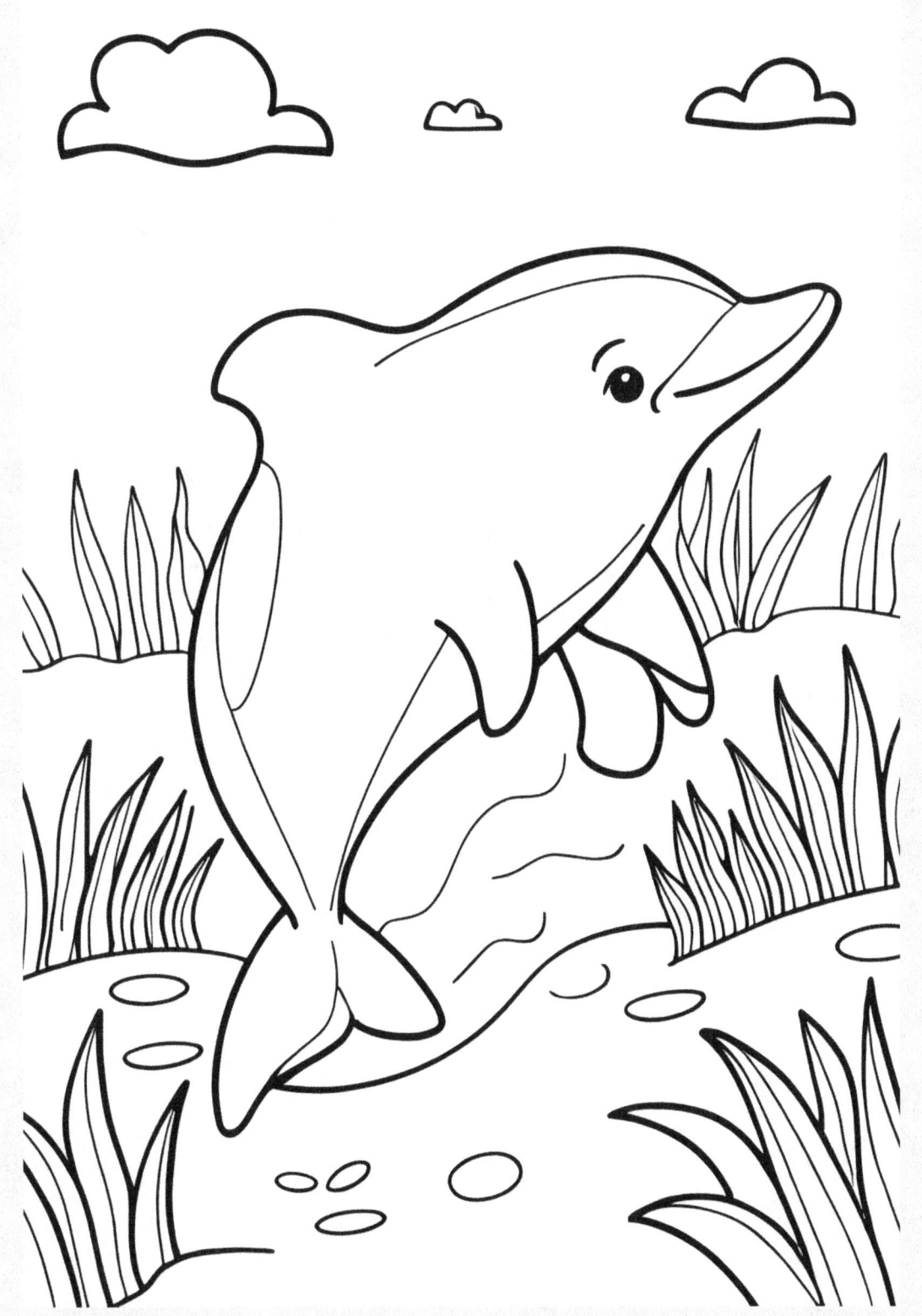

Burro

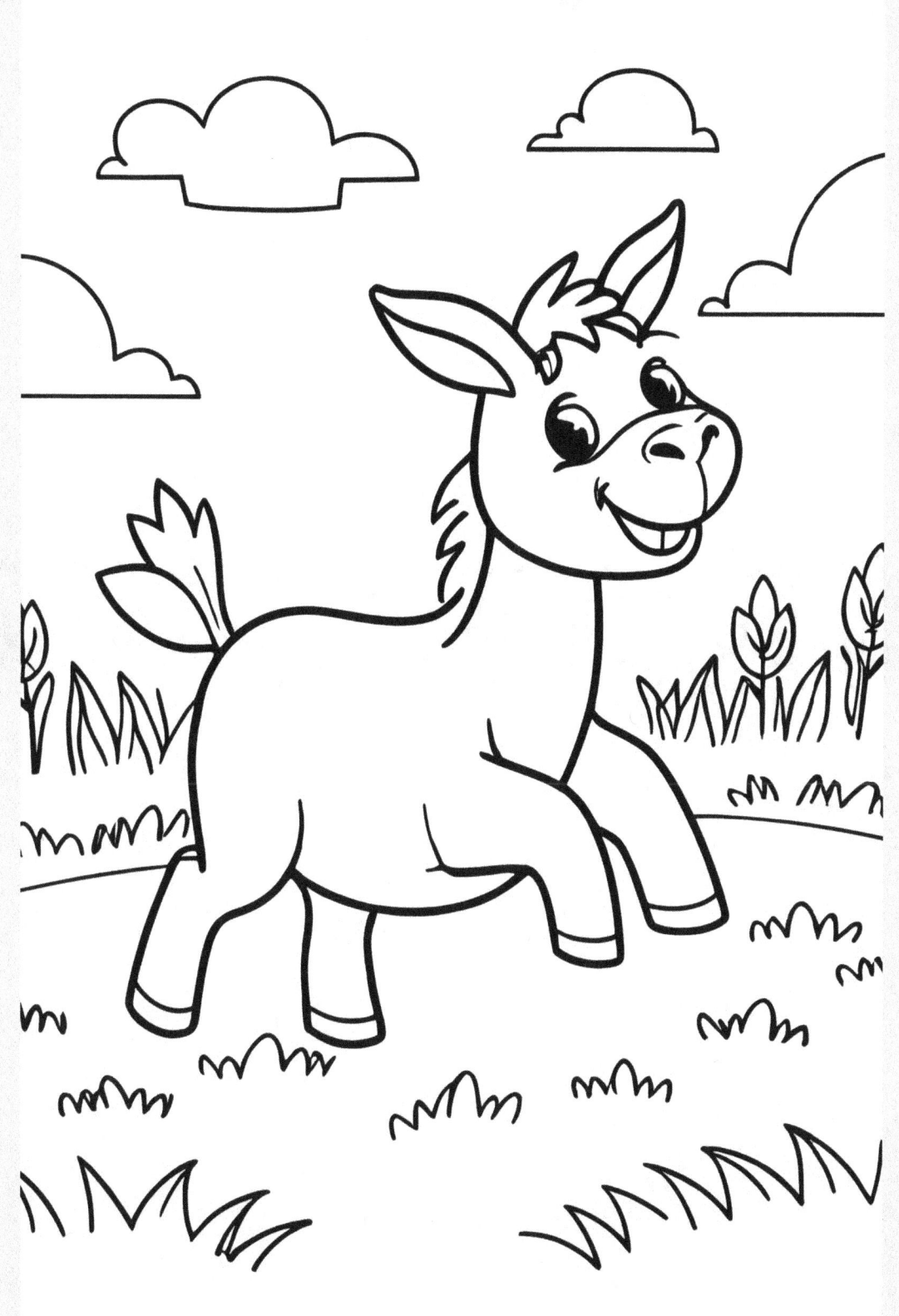

Hipopótamo

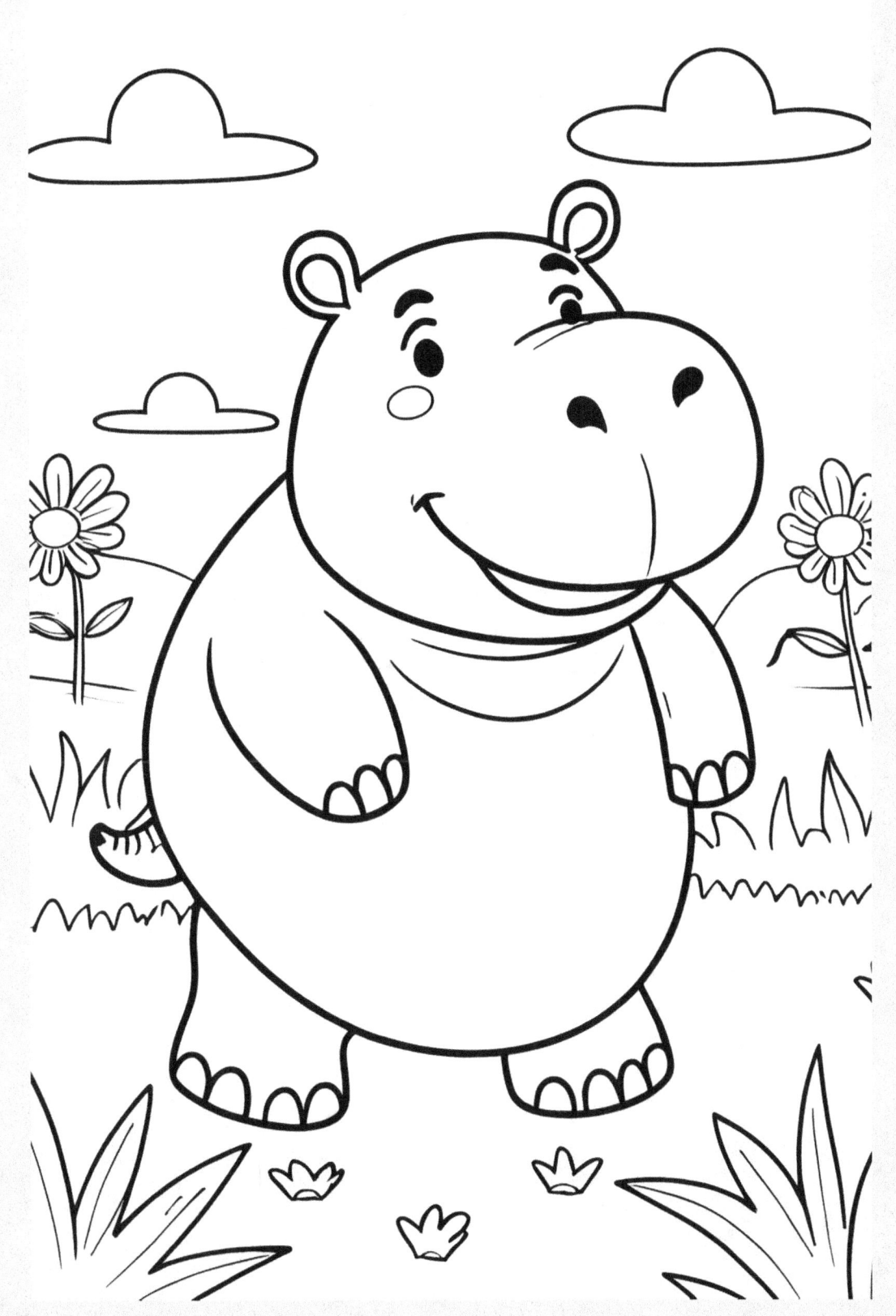

Ratón

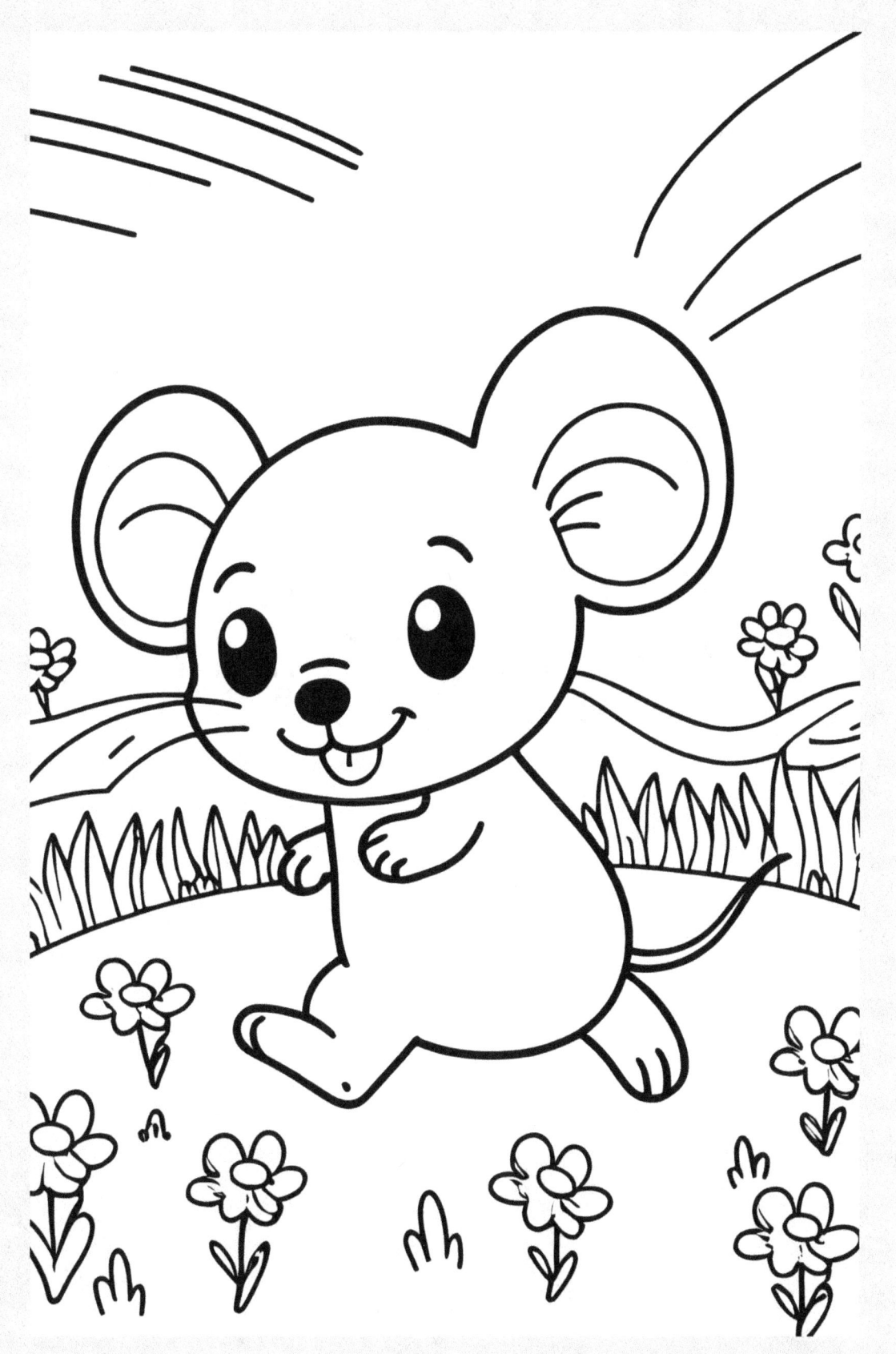

Panda

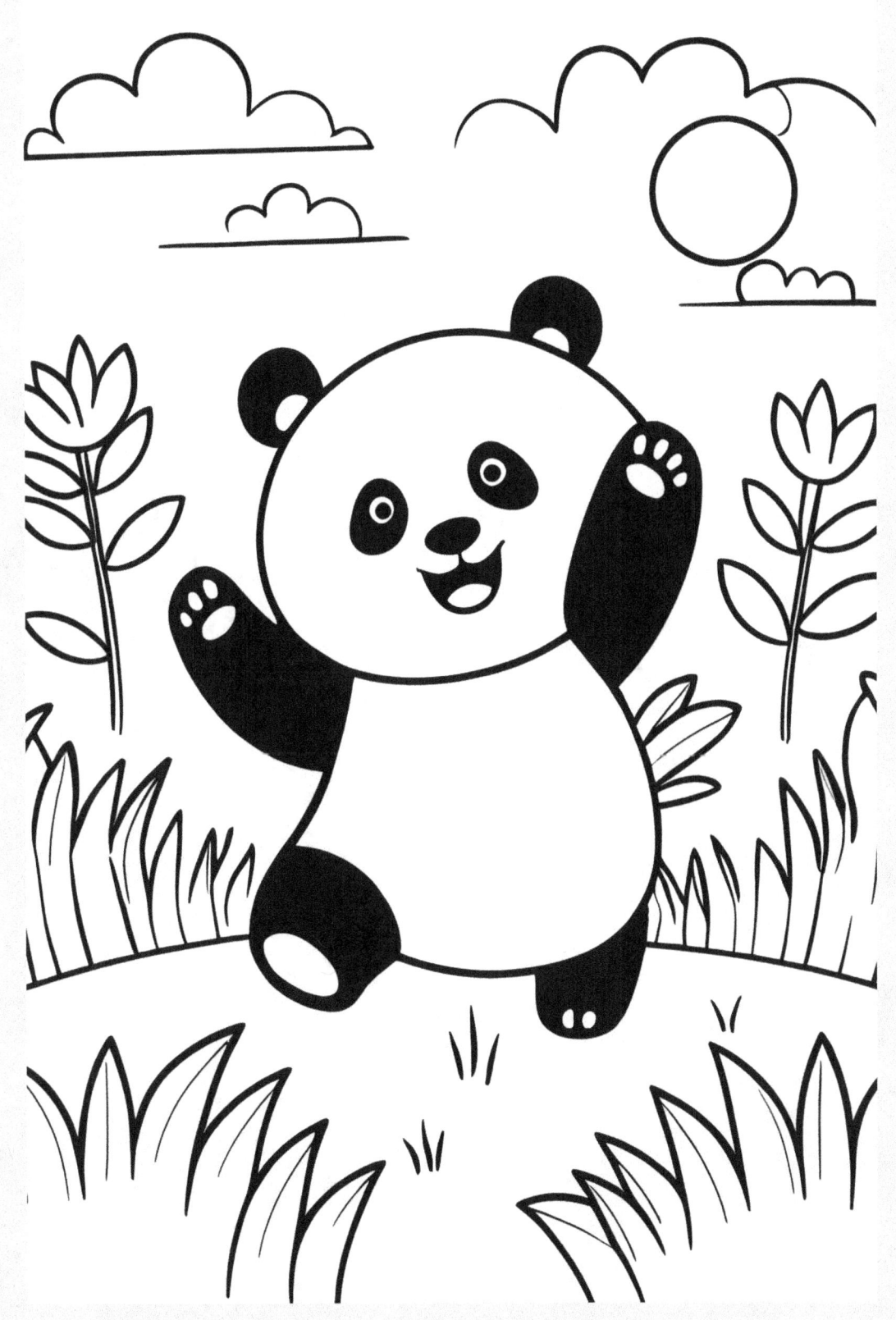

Mariquita

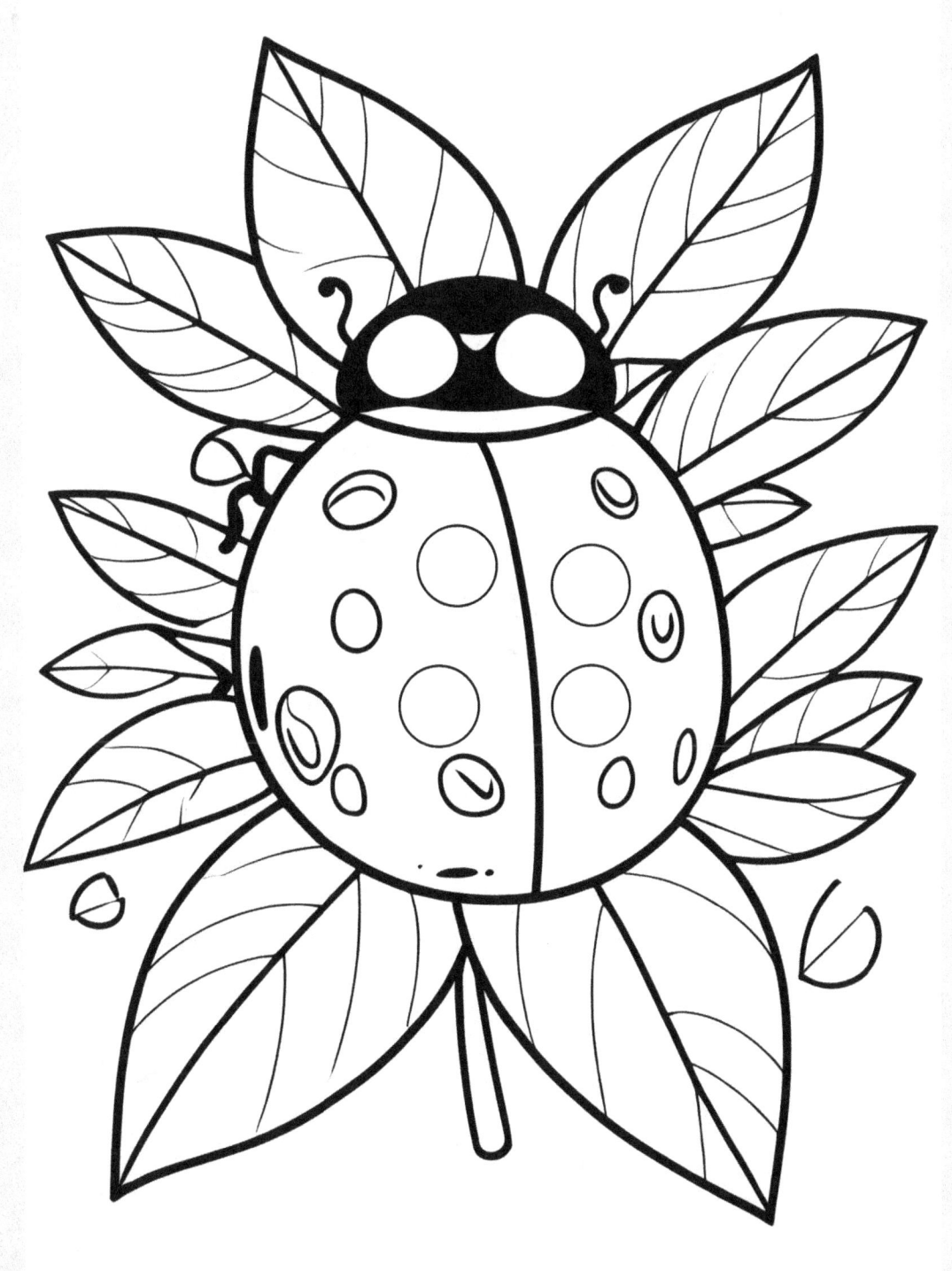

Gato

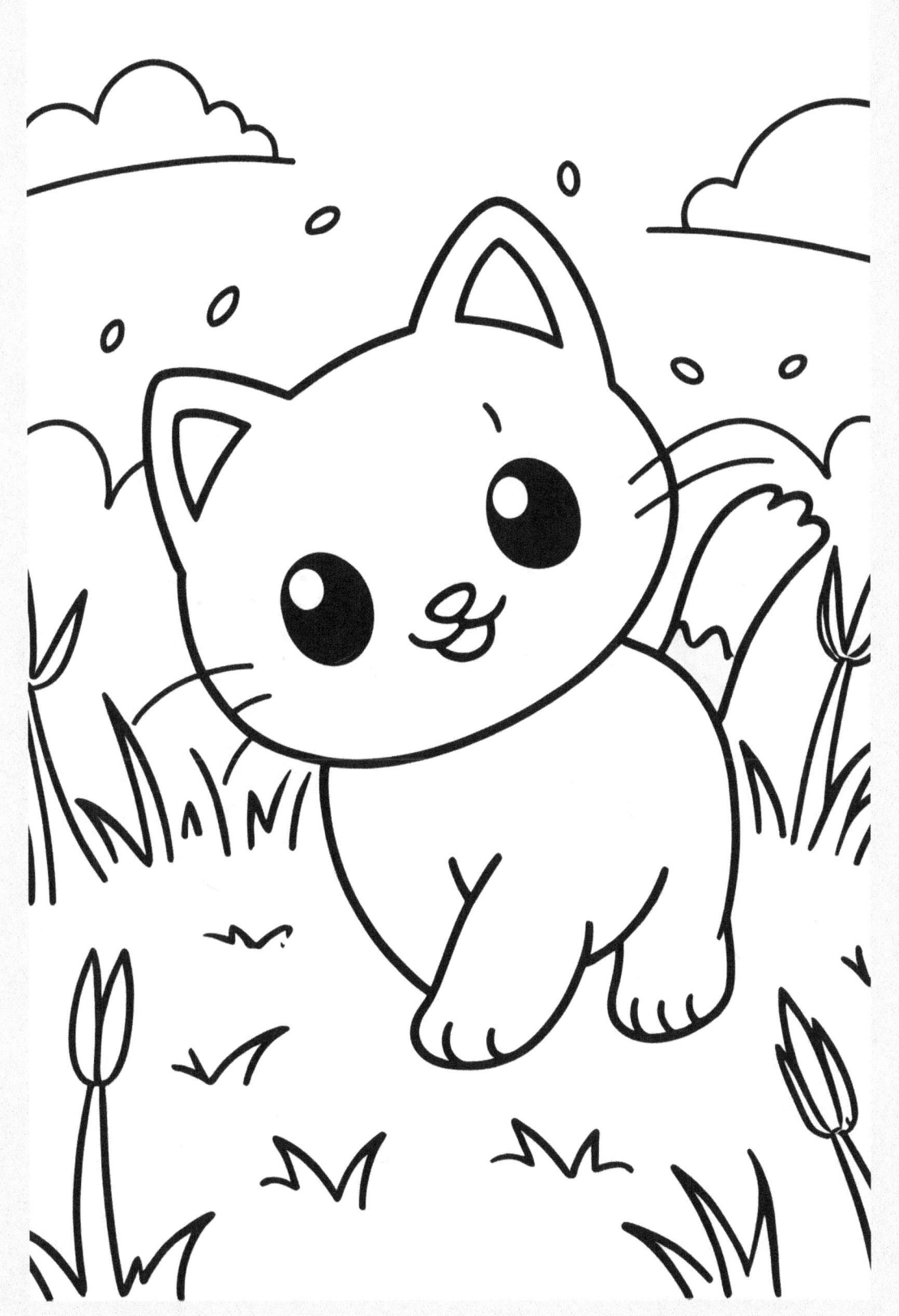

Caracol

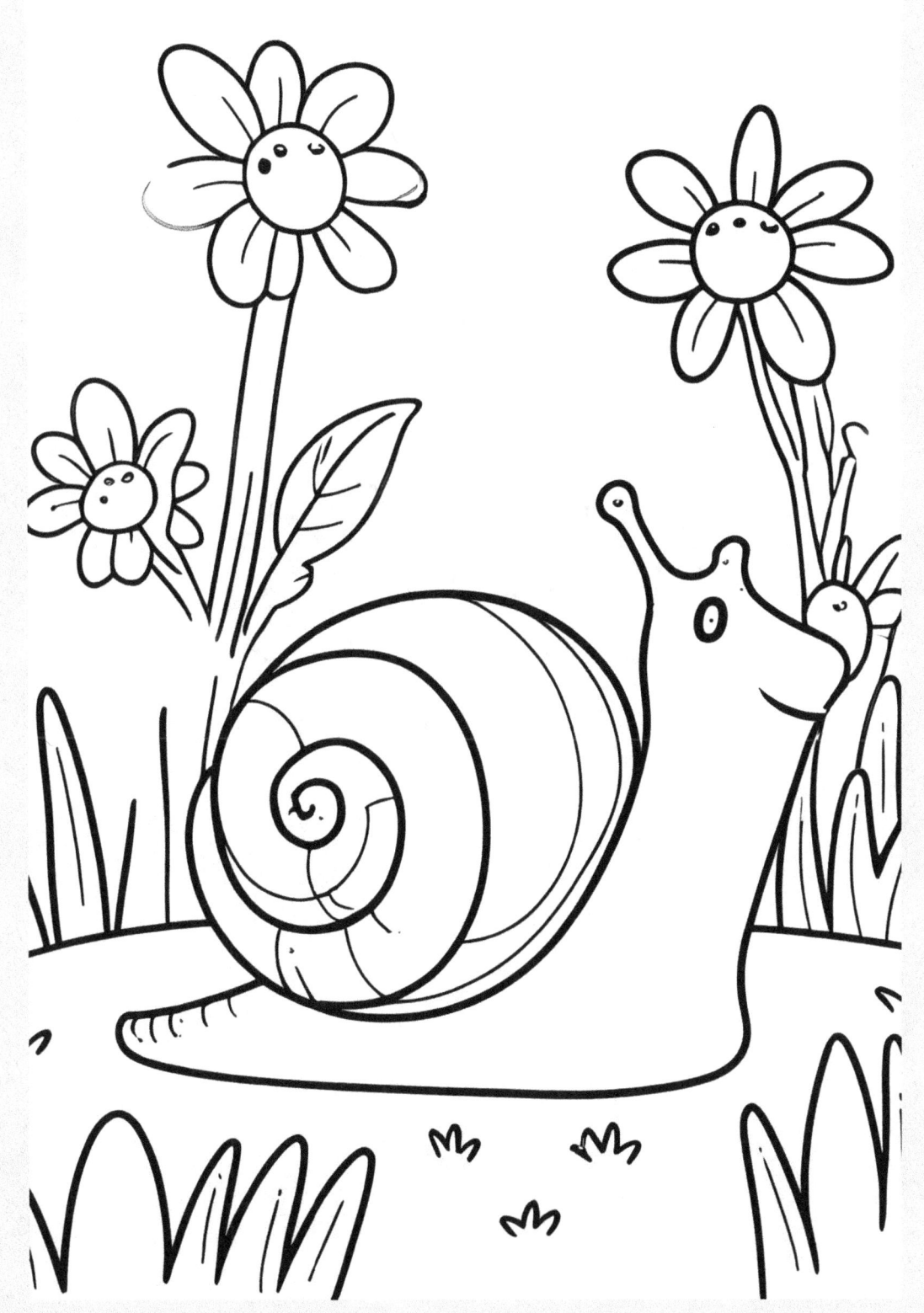

Gallo

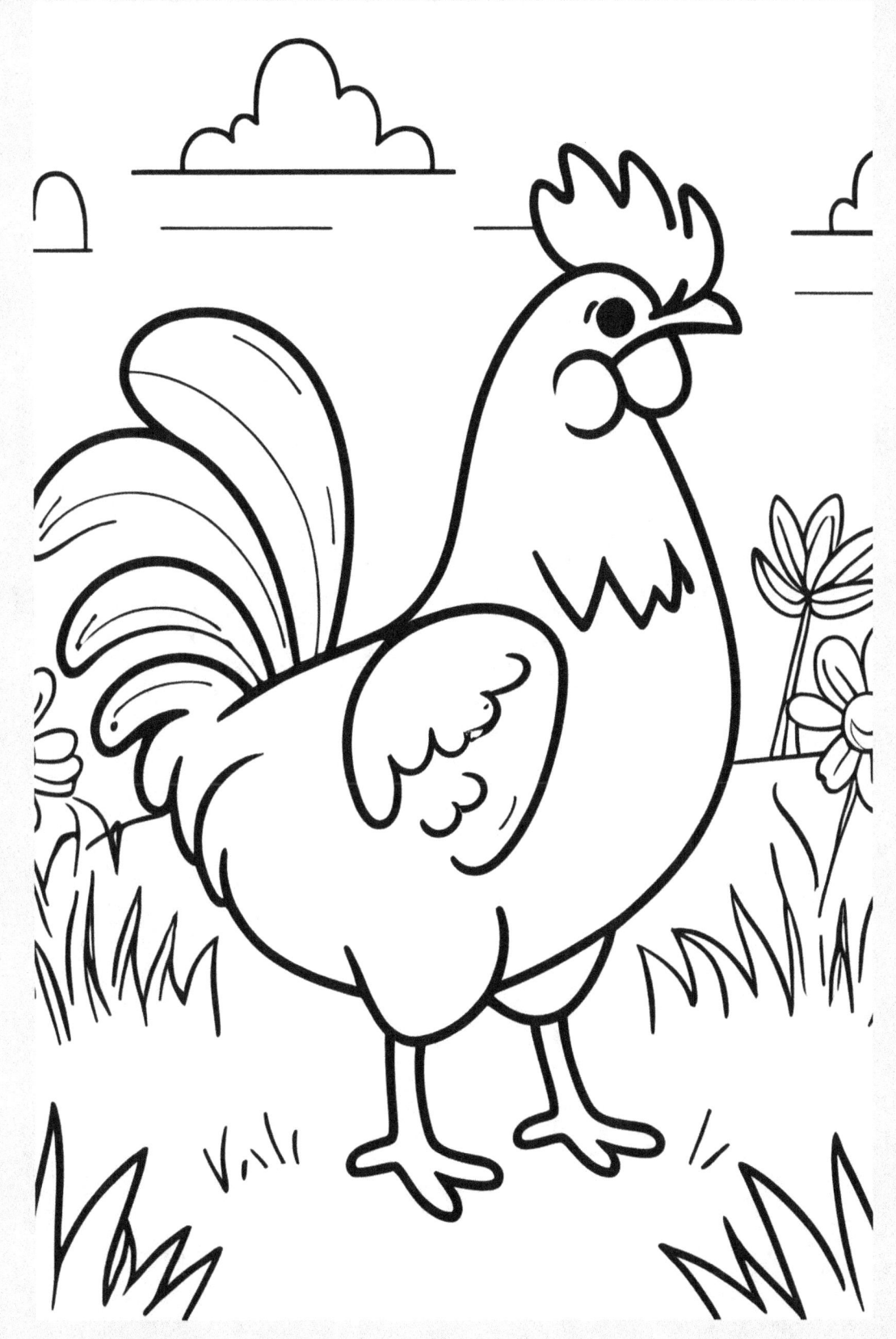

Cerdo

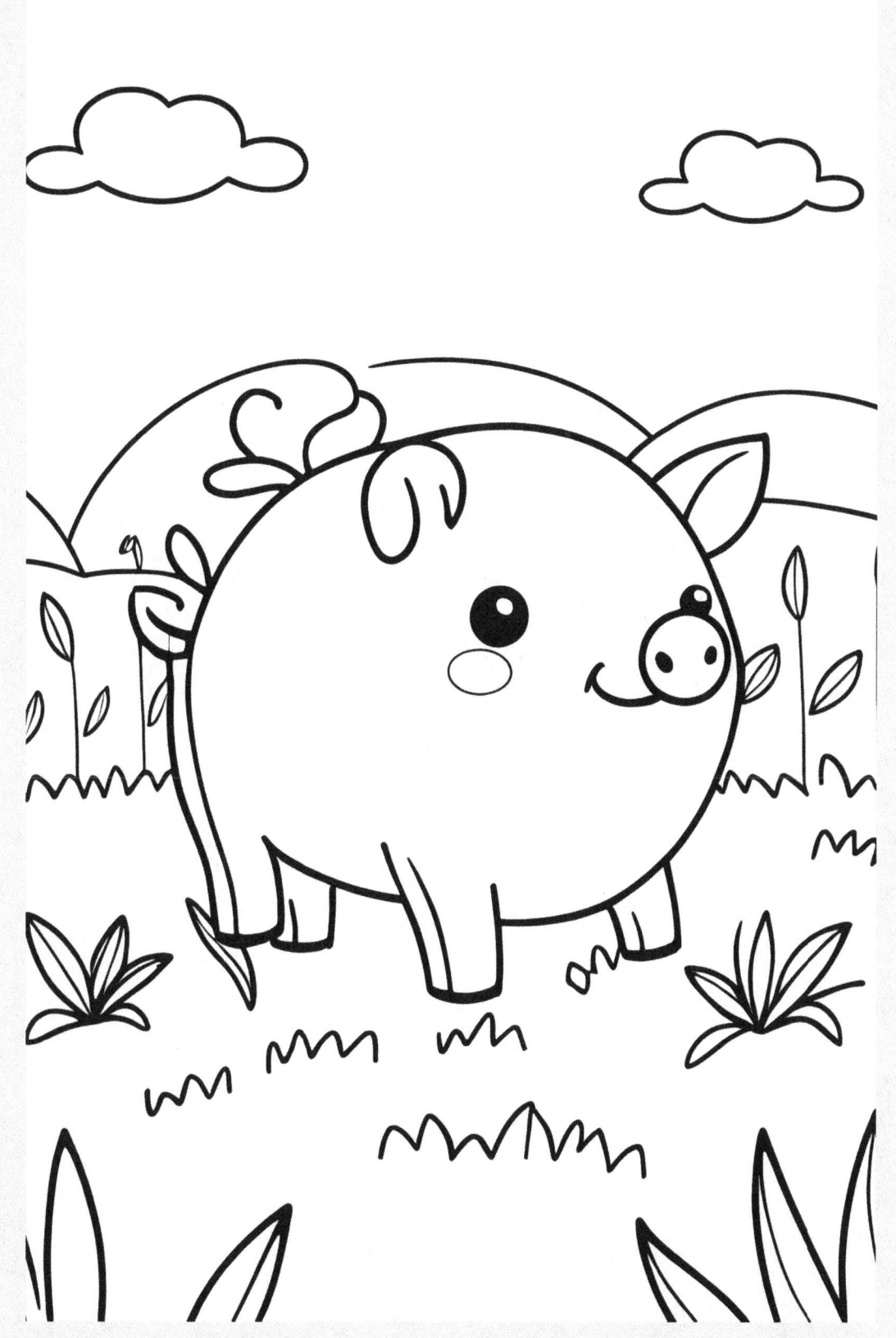

Tiburón

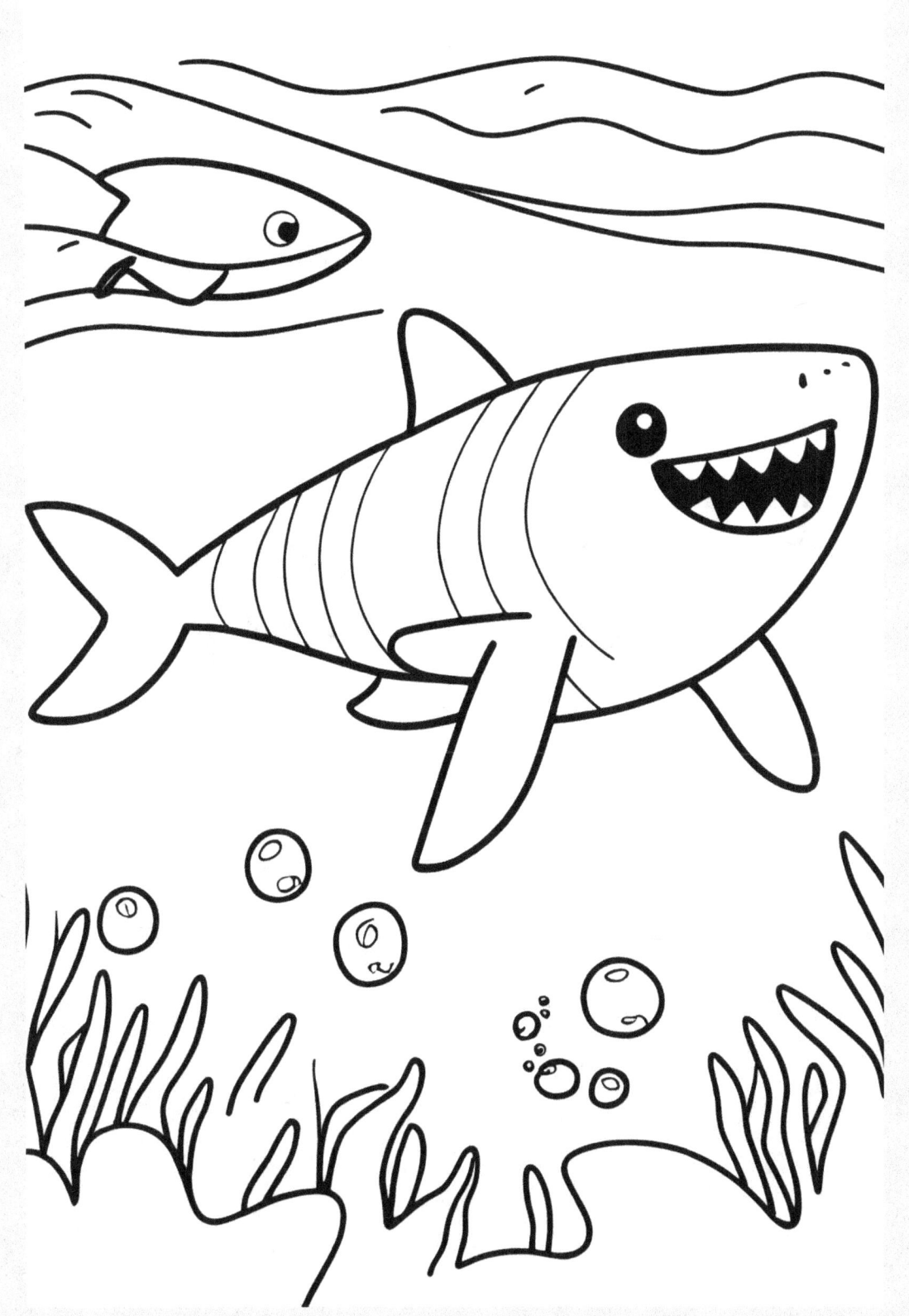

Tortuga

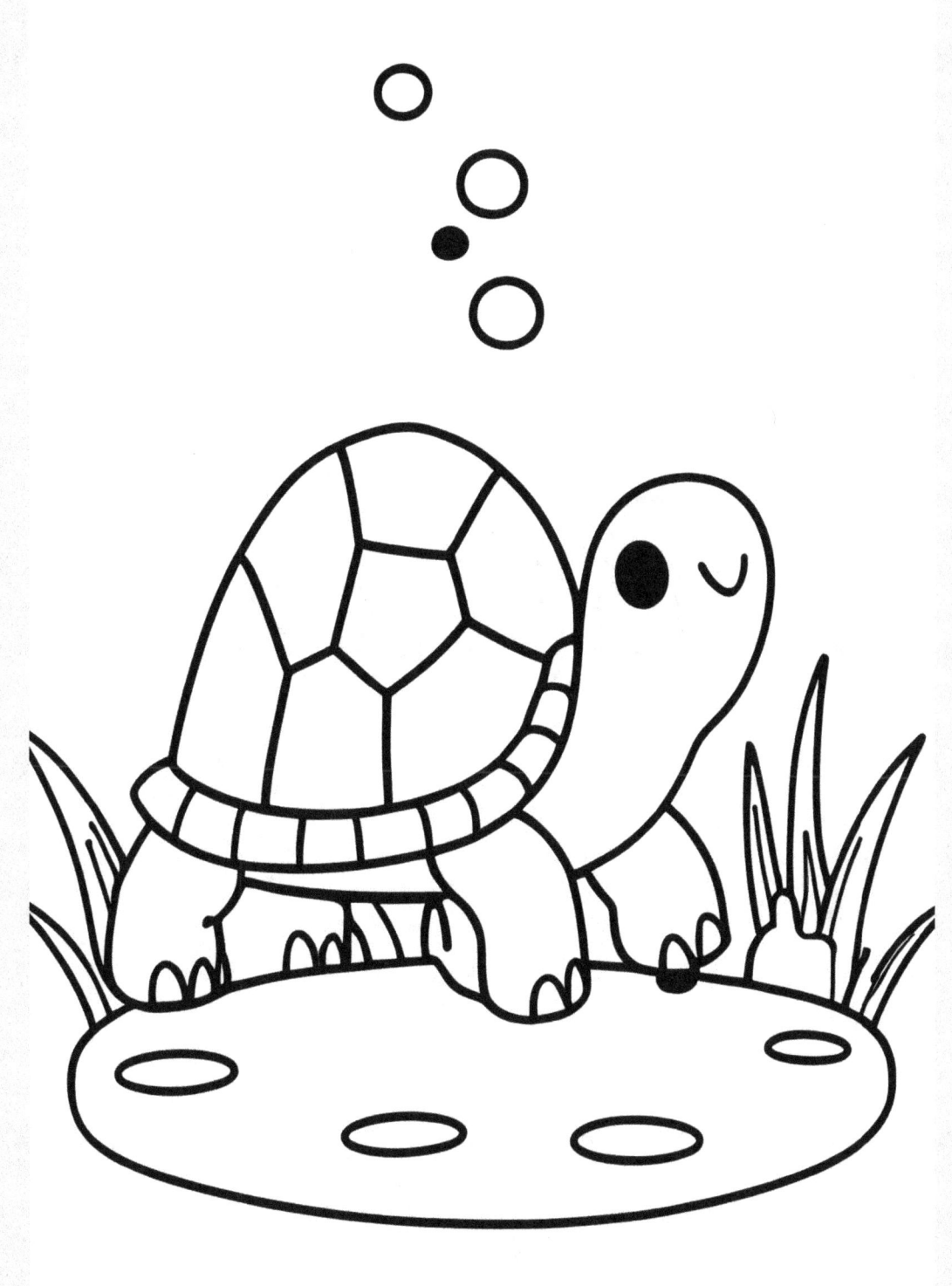

Cisne

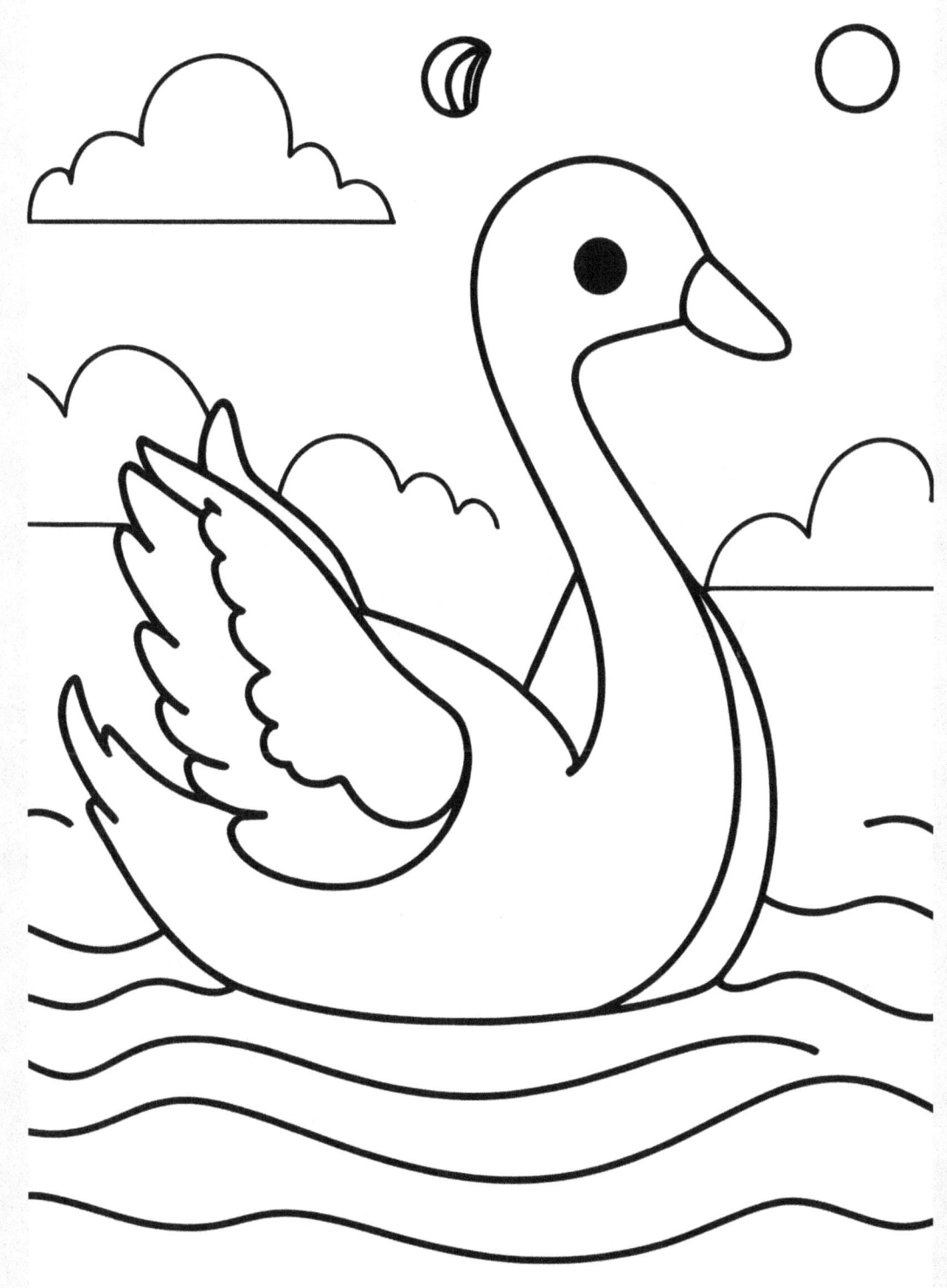

Koala

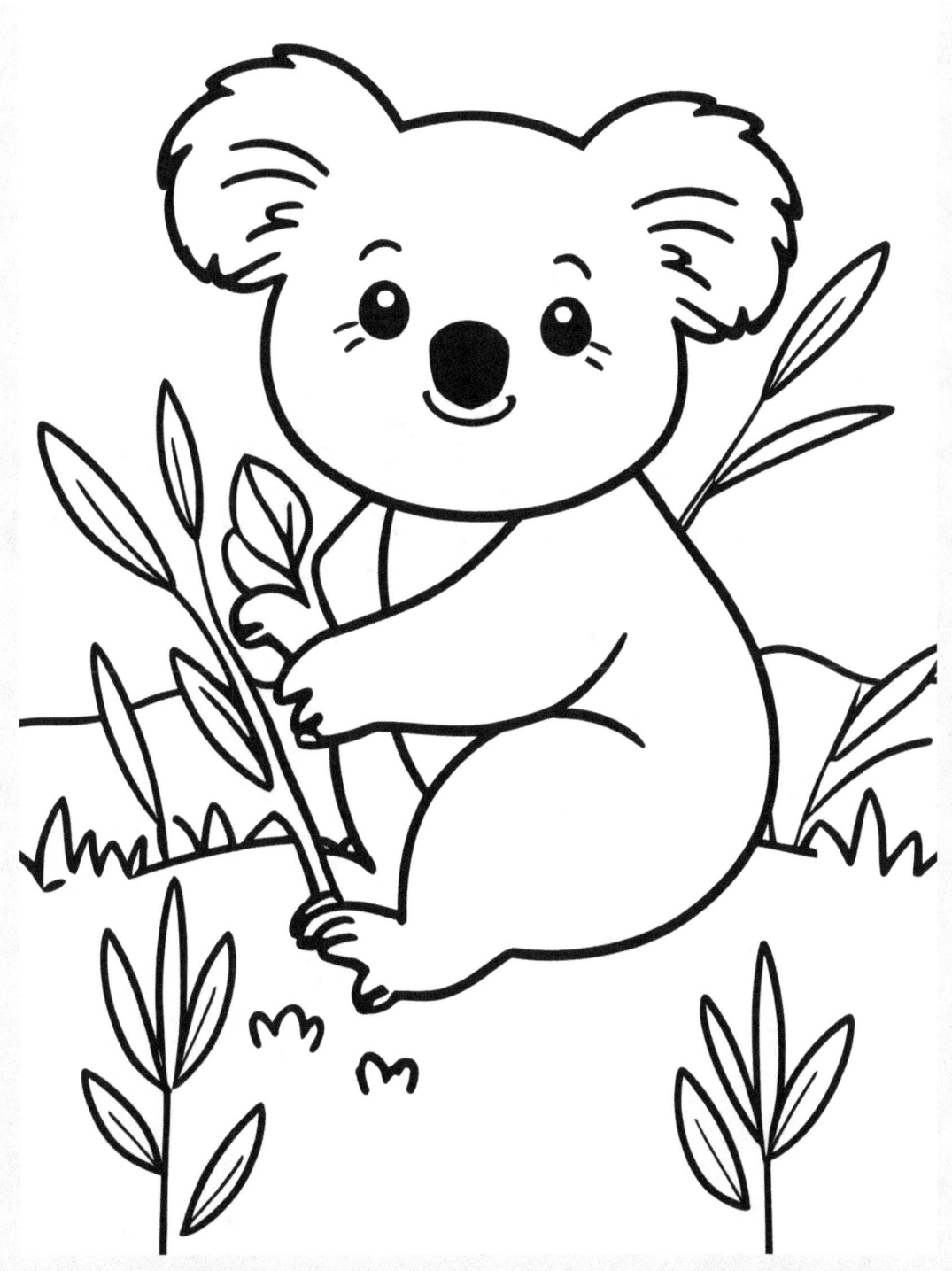

Serpiente

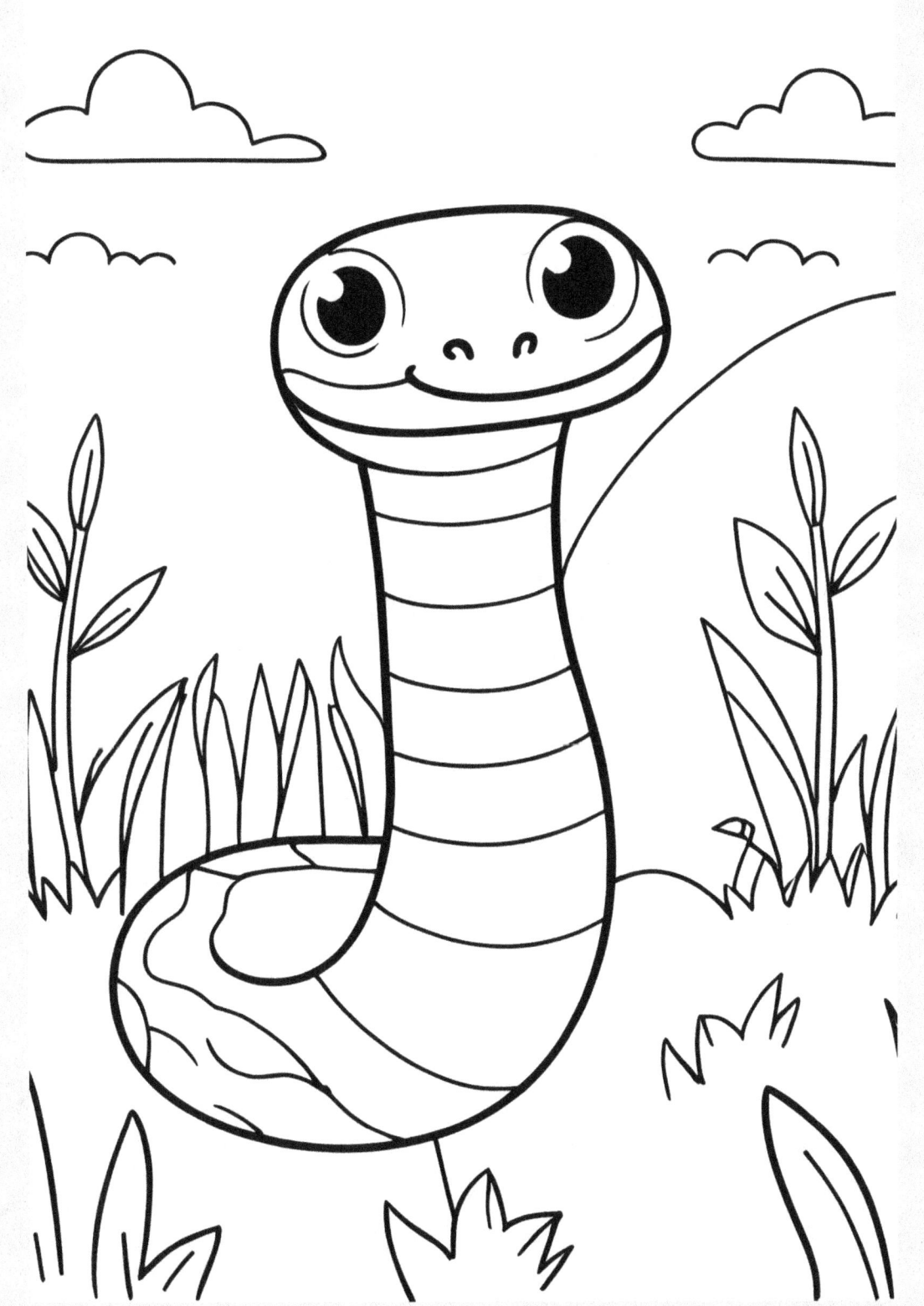

Erizo

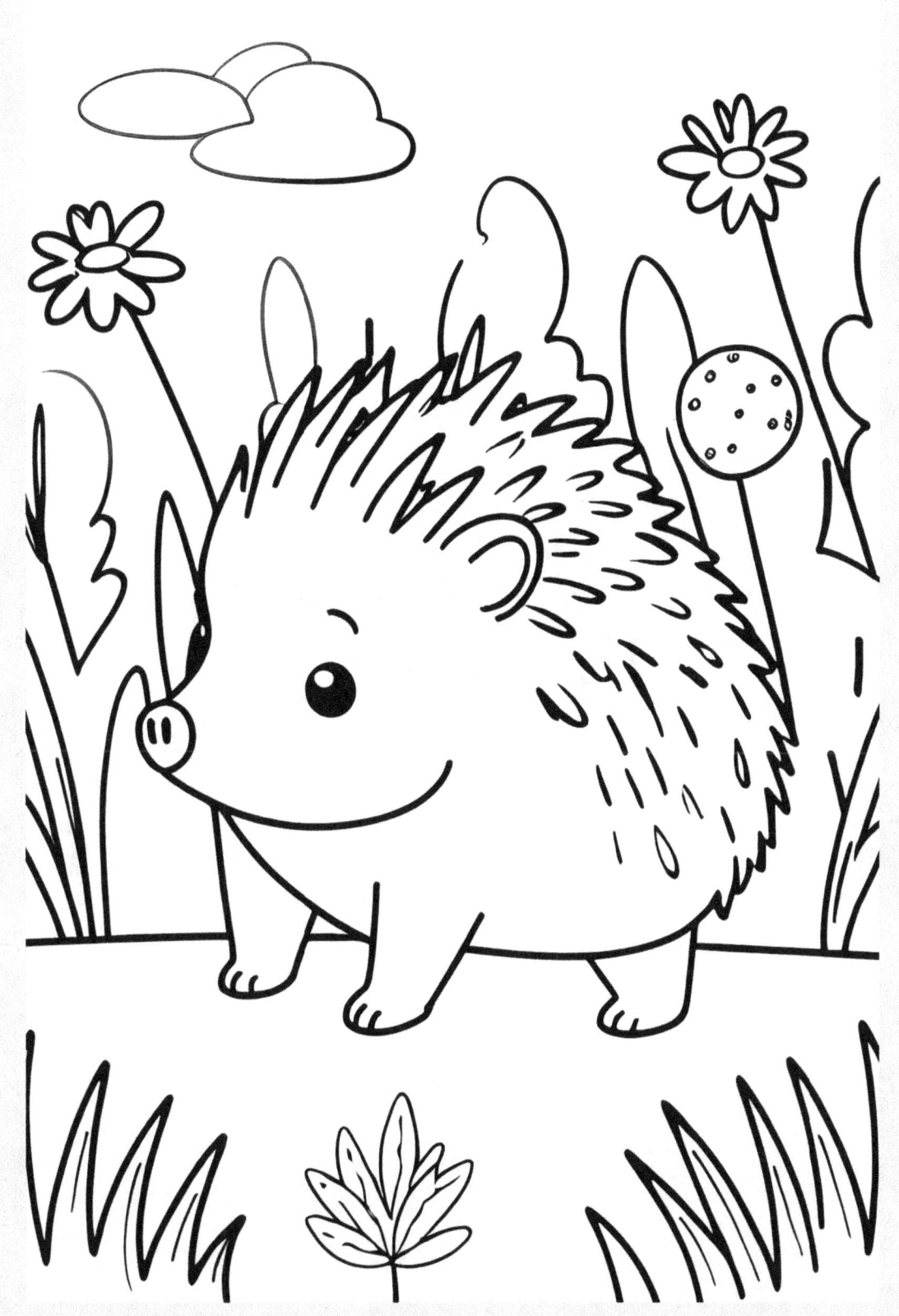

Rana

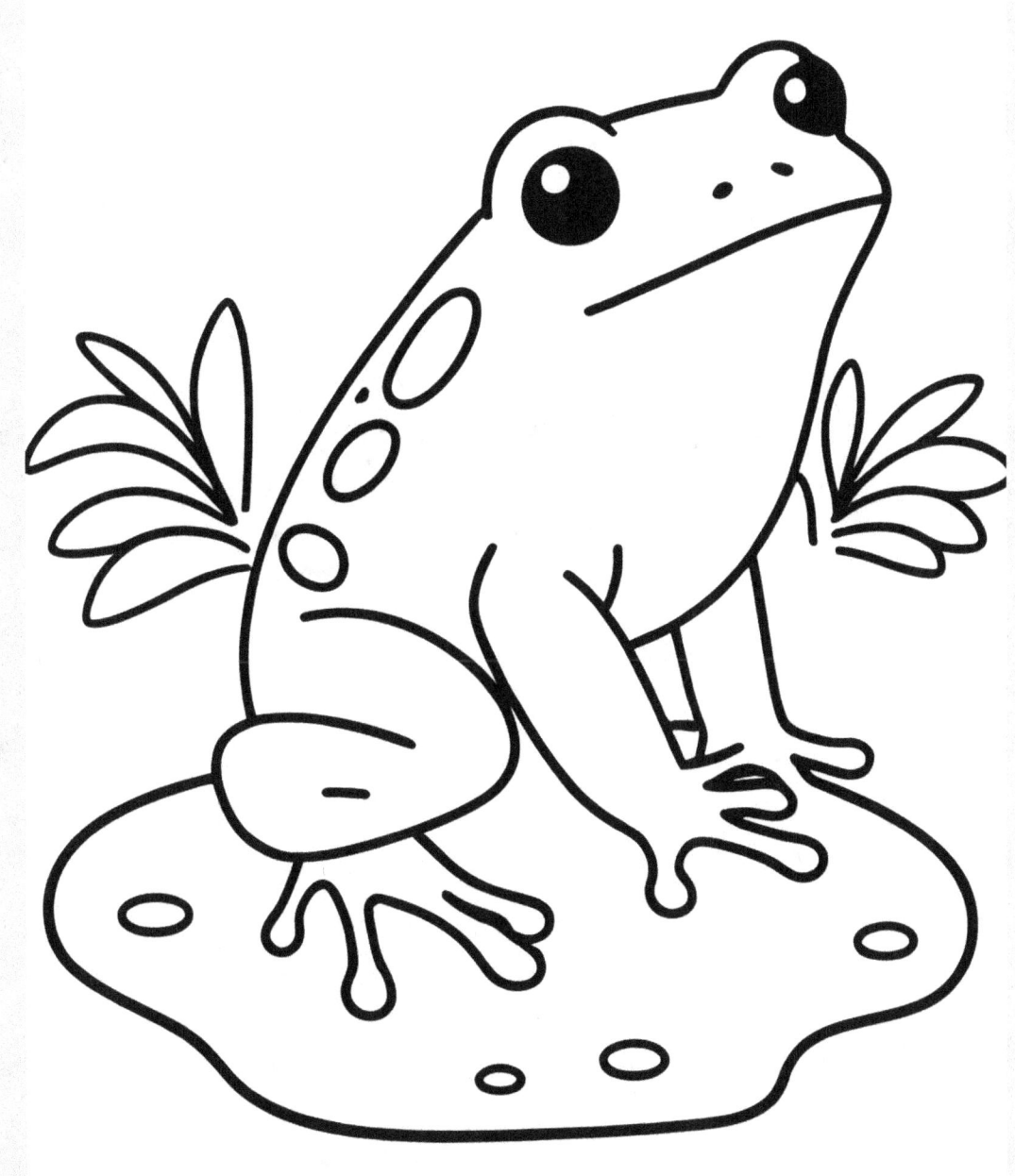

Pavo

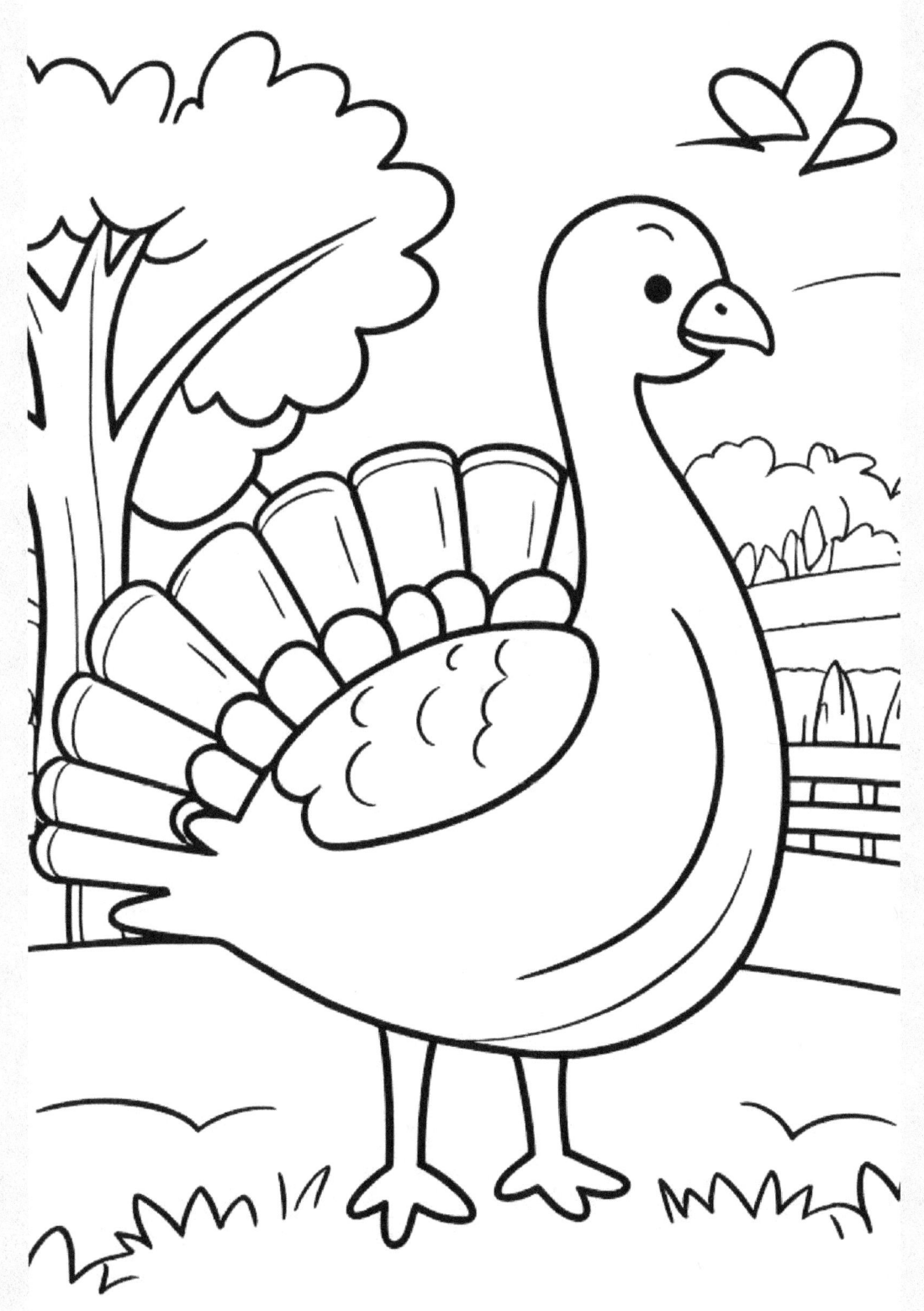

Cabra

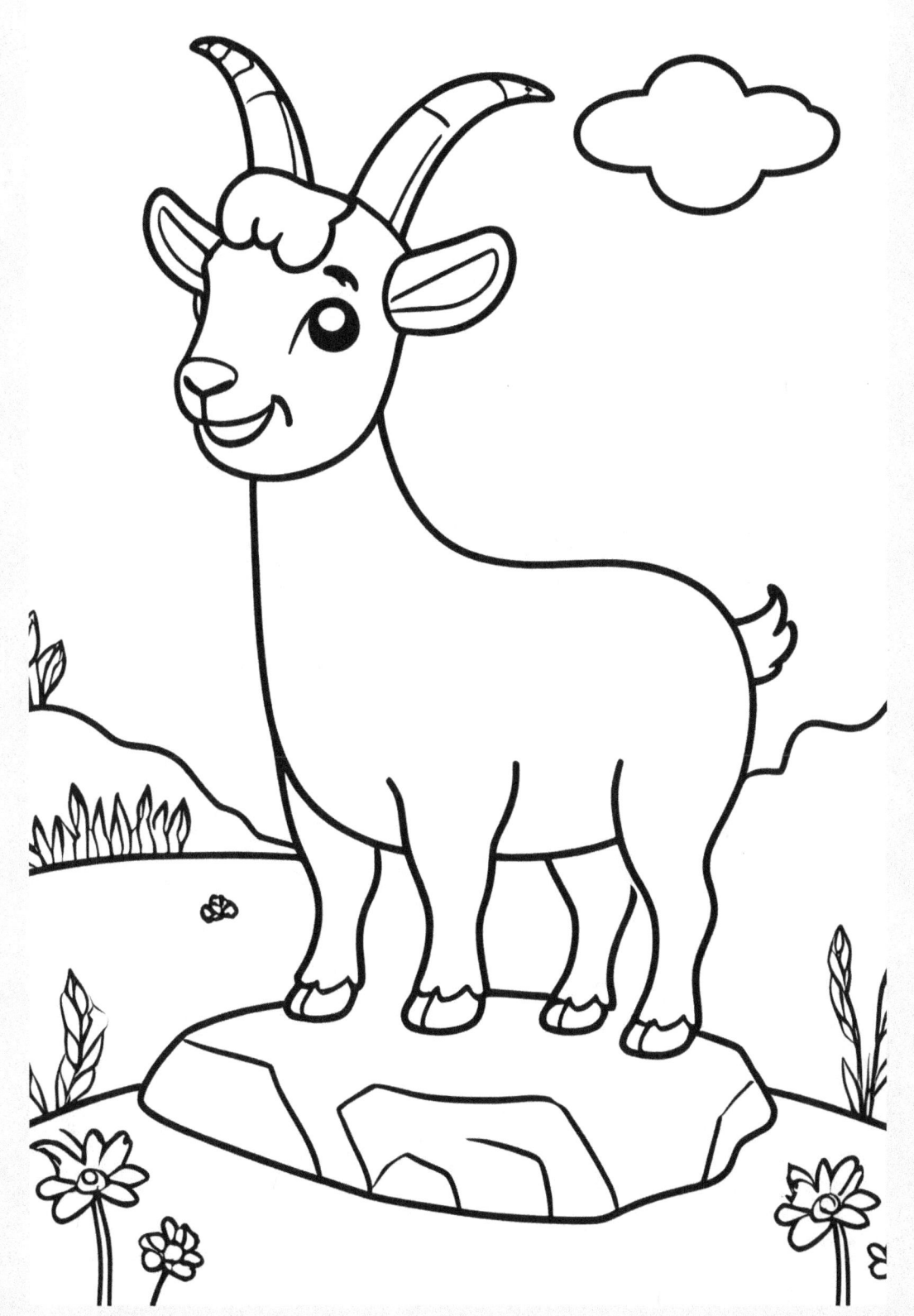

Abejas

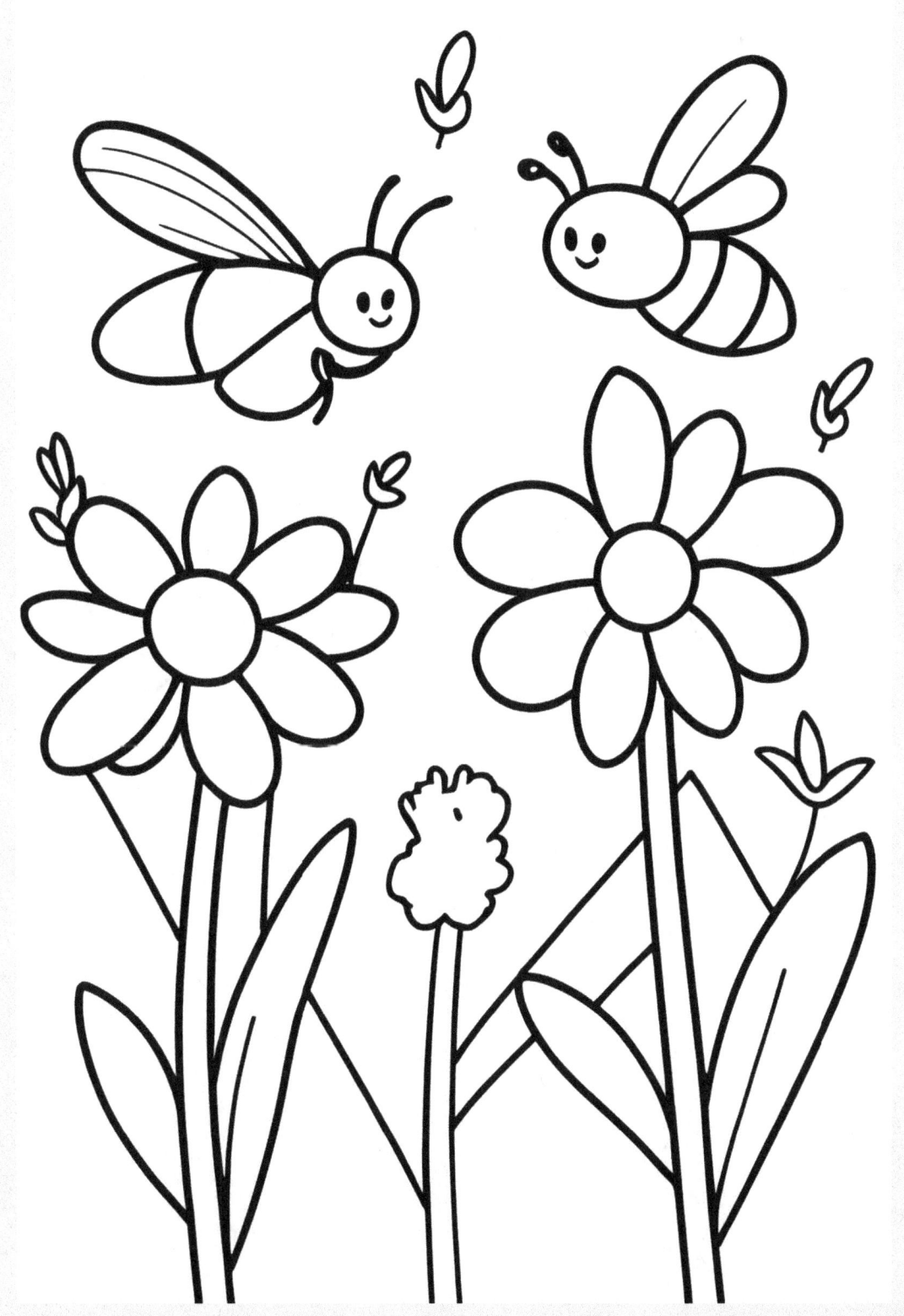

Murciélago

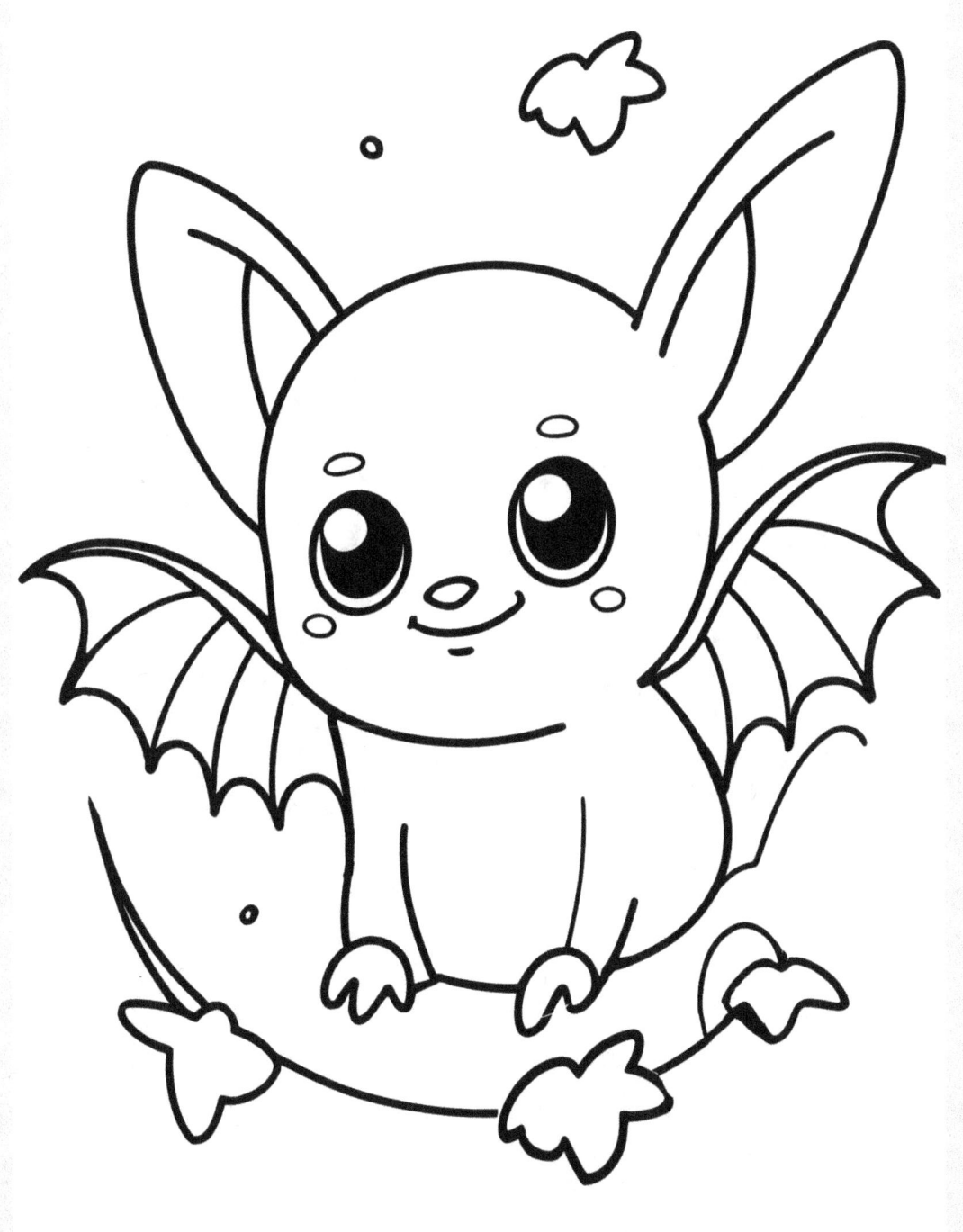

Caballito de mar

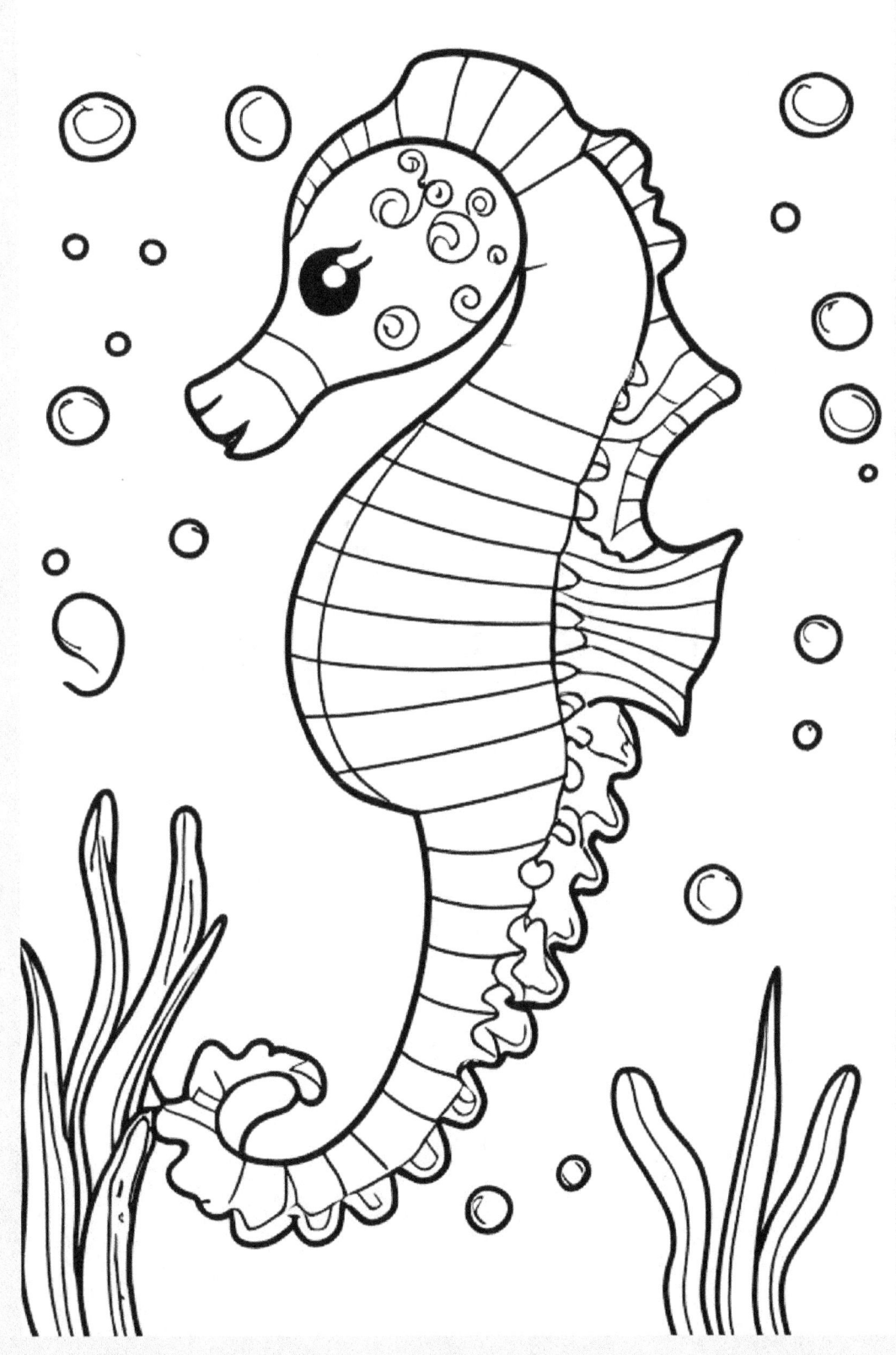

Tucán

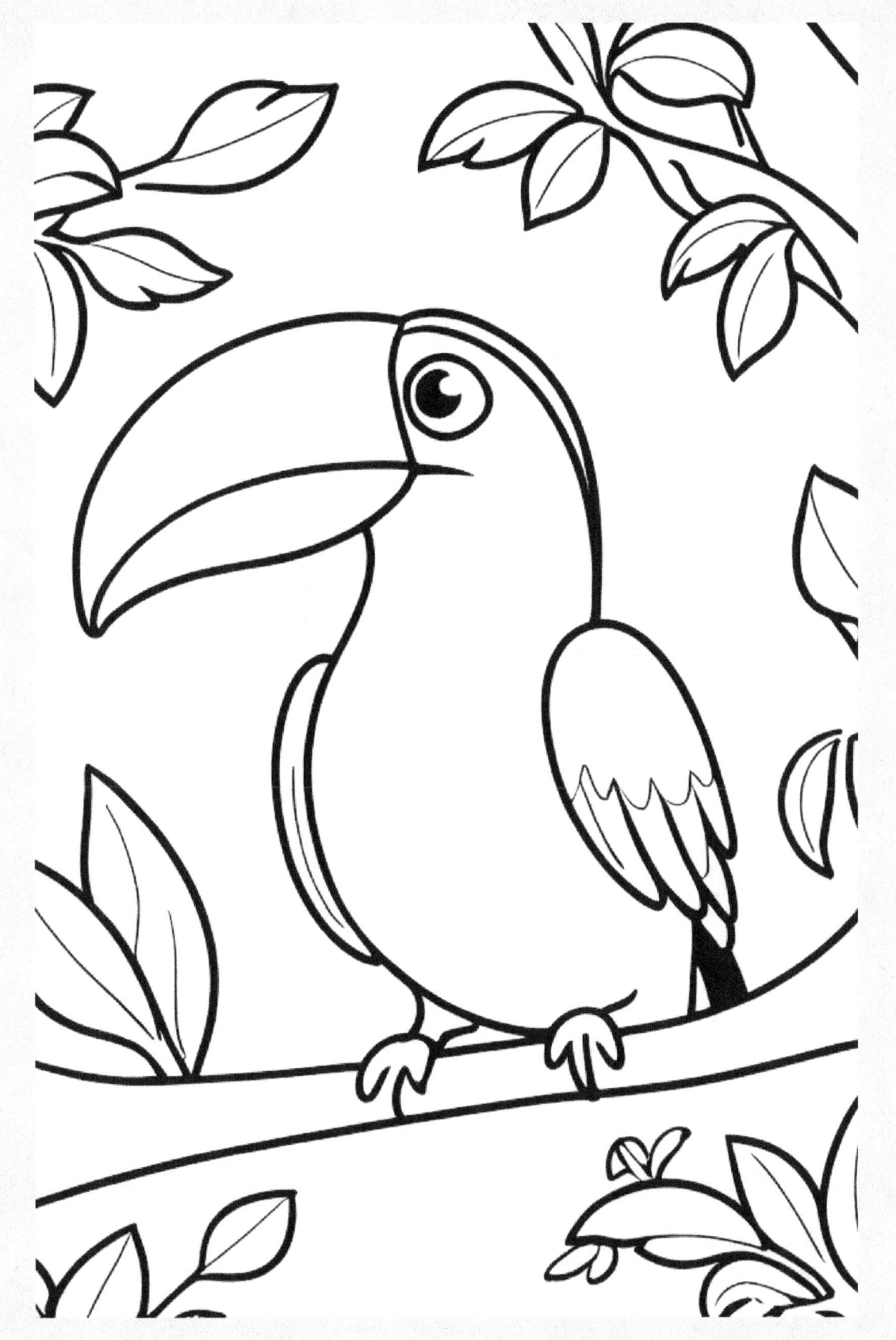

Lagarto

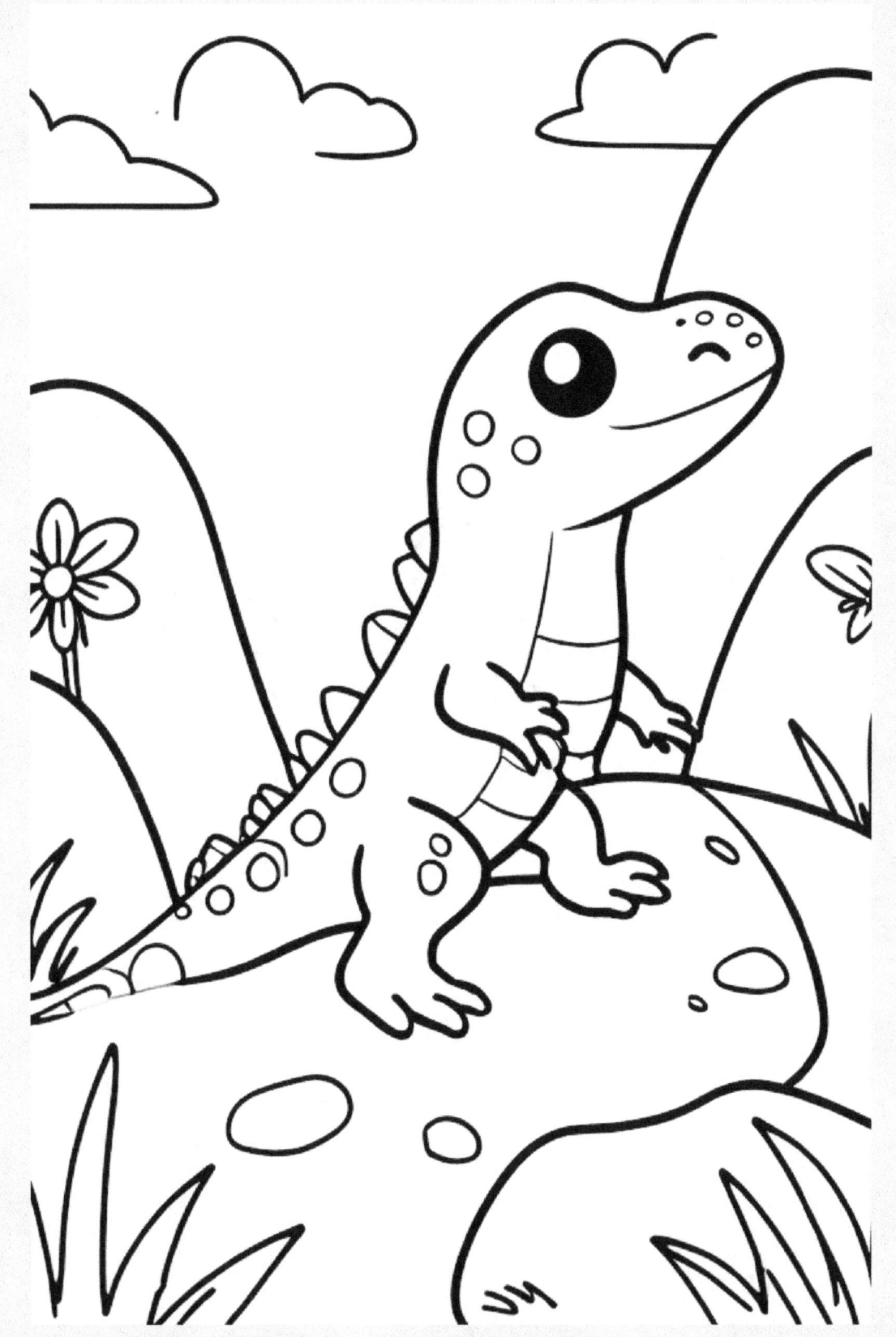

Búfalo

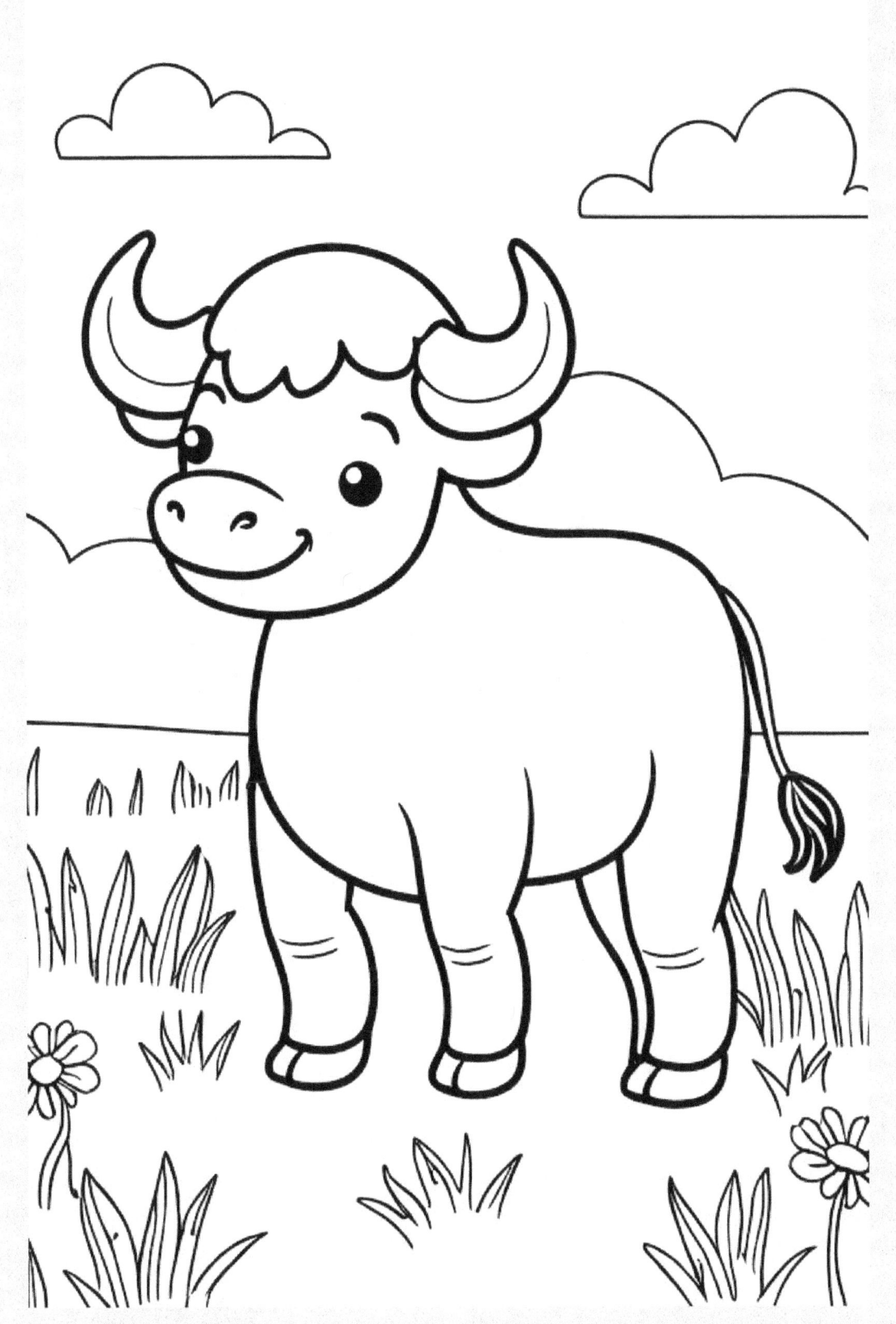

Pájaro

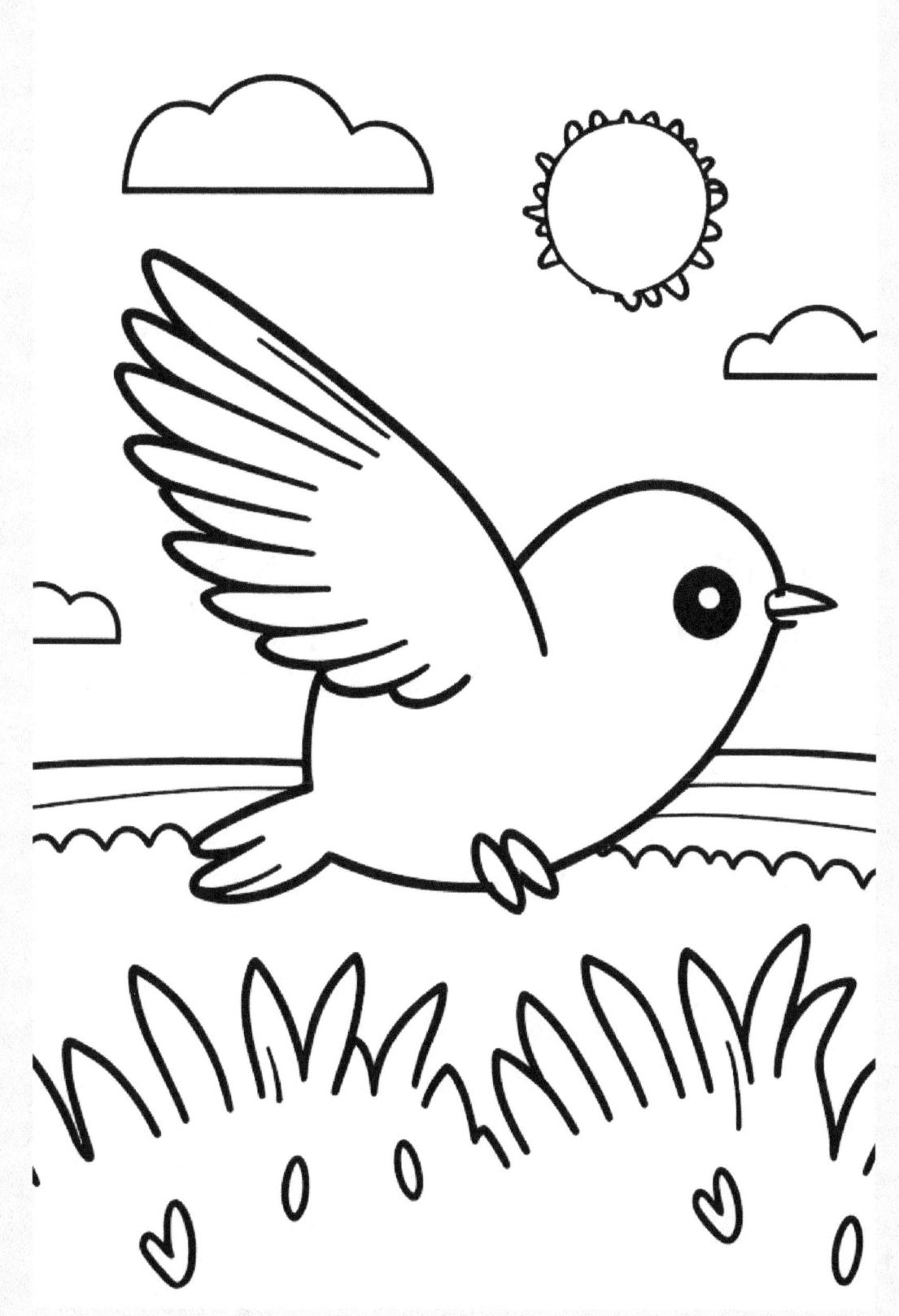

Avestruz

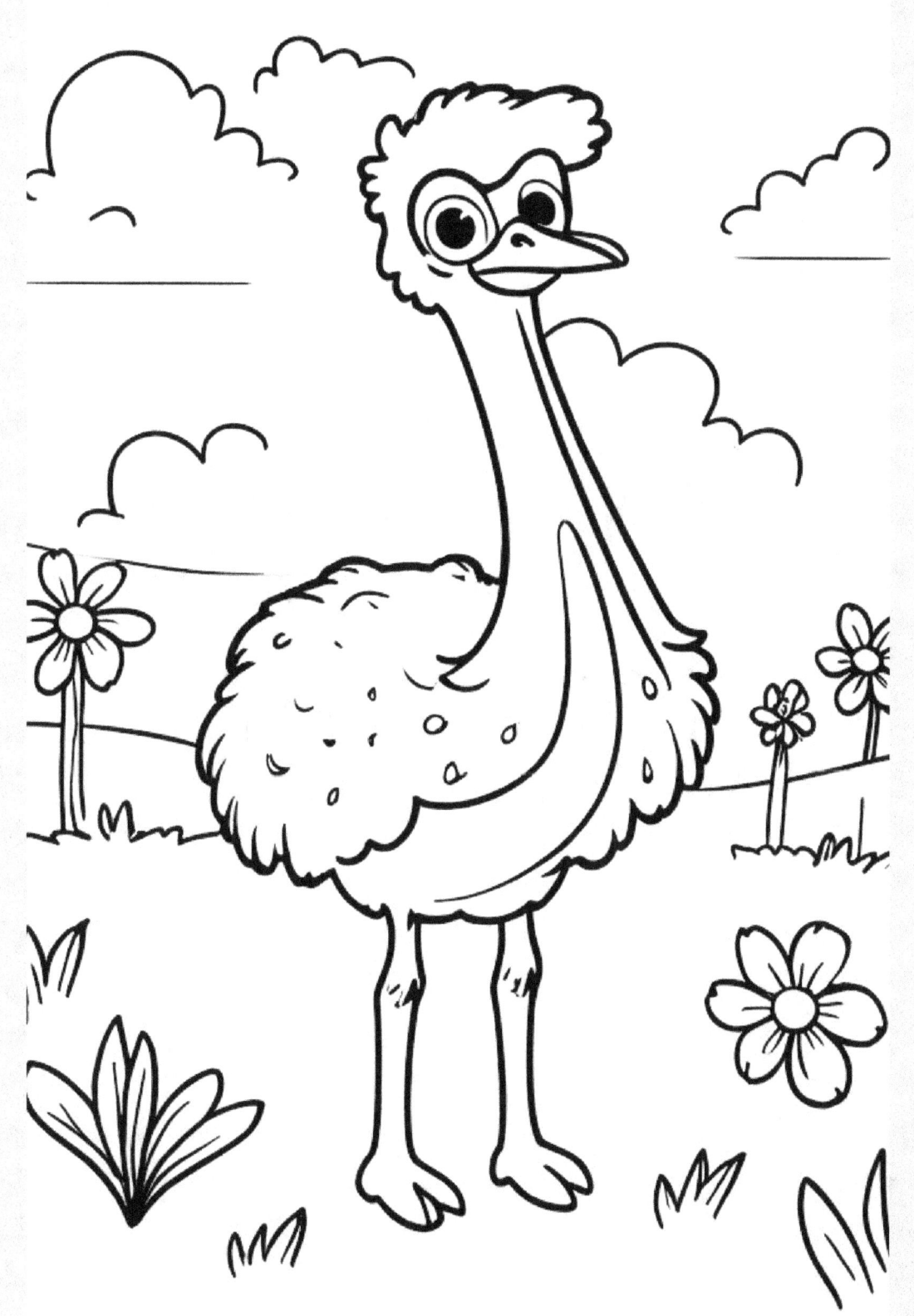

Tortuga marina

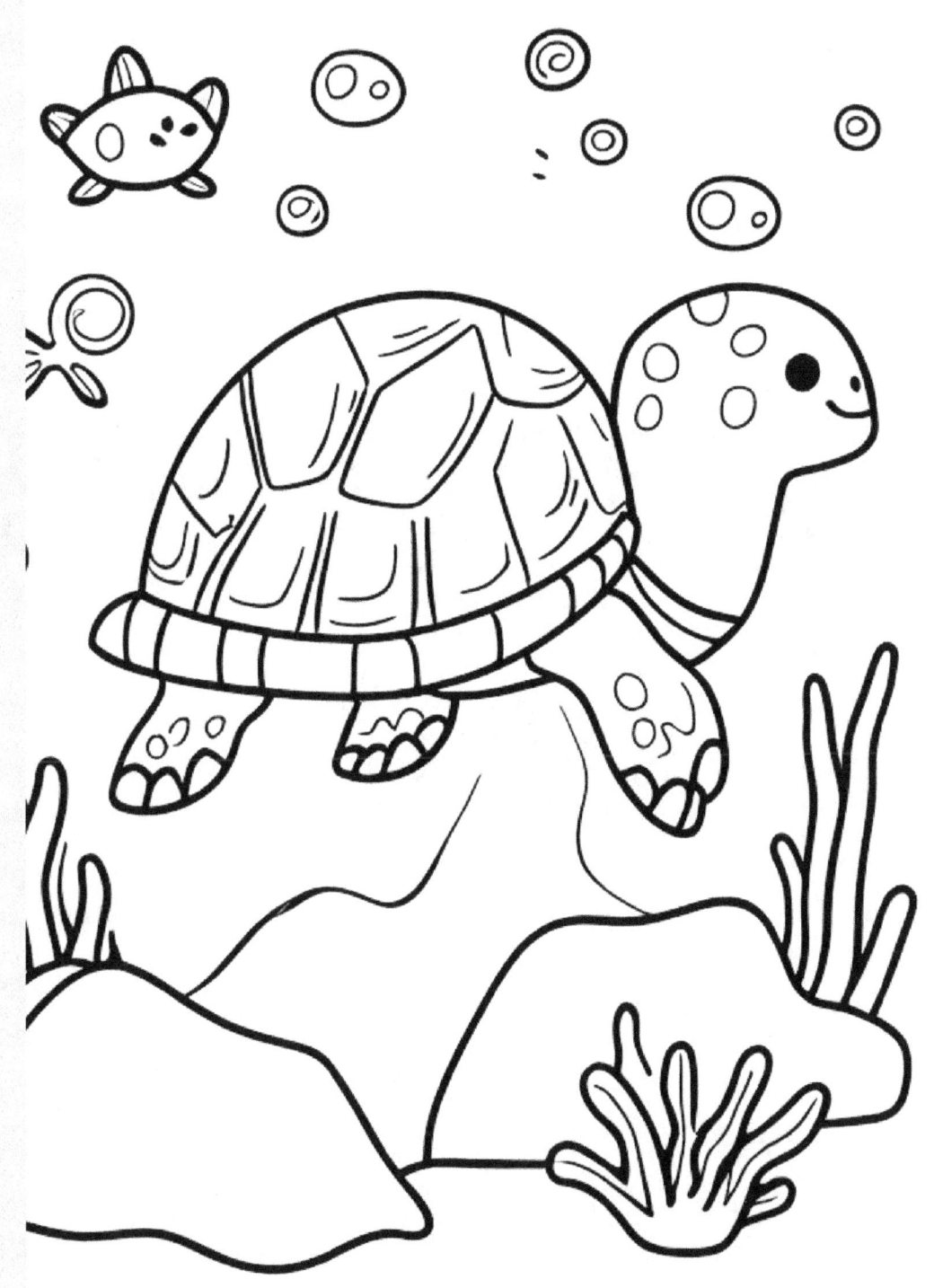

Estrella de mar

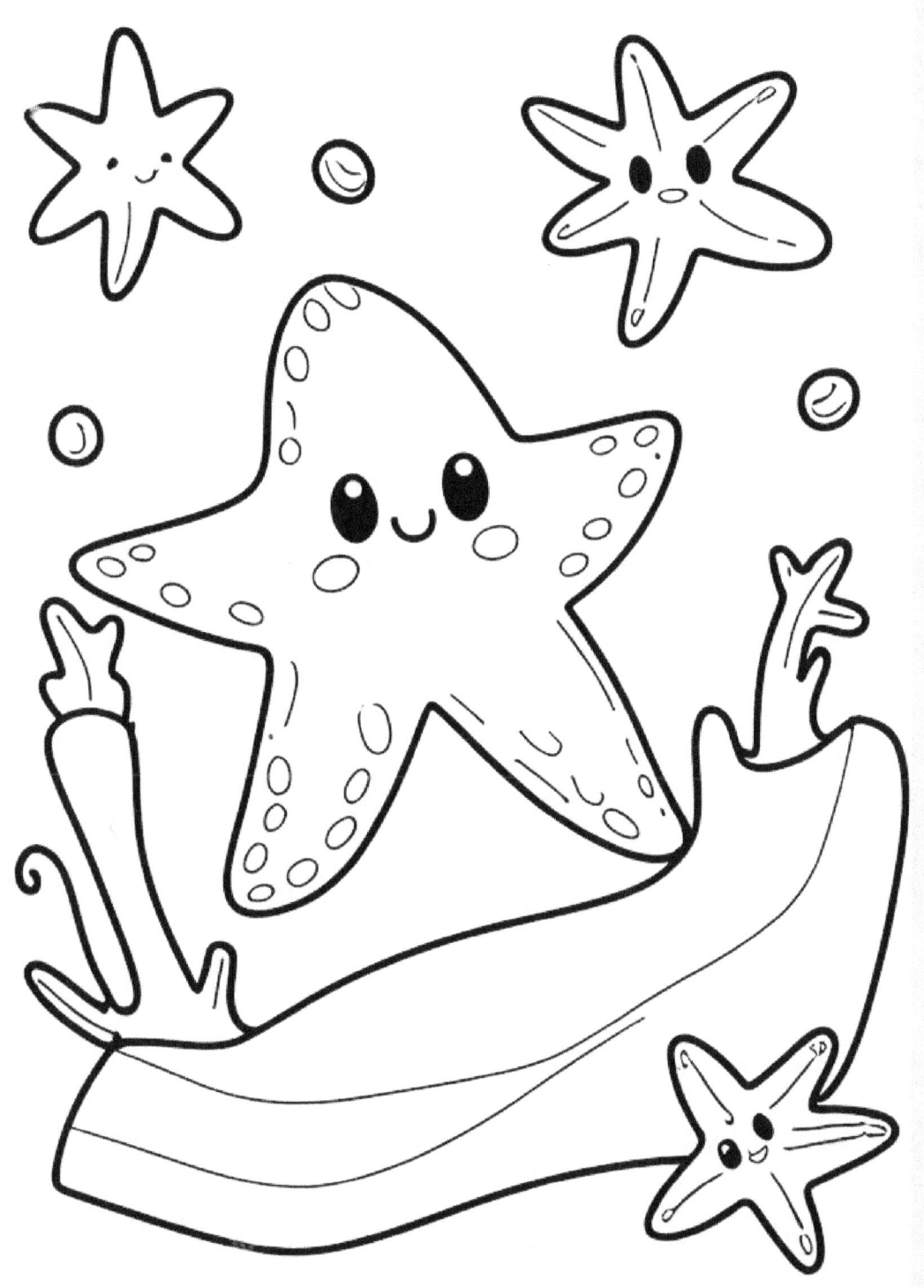

www.ingramcontent.com/pod-product-compliance
Lightning Source LLC
Chambersburg PA
CBHW081111290526
45795CB00006B/2079